青春该有的样子

——当代大学生品质培育与养成

孙世玉　赵艺谦　著

山东大学出版社
SHANDONG UNIVERSITY PRESS
·济南·

图书在版编目(CIP)数据

青春该有的样子:当代大学生品质培育与养成/孙世玉,赵艺谦著.—济南:山东大学出版社,2022.8

ISBN 978-7-5607-7582-1

Ⅰ.①青… Ⅱ.①孙… ②赵… Ⅲ.①大学生—素质教育—研究 Ⅳ.①G640

中国版本图书馆 CIP 数据核字(2022)第 147372 号

责任编辑 李艳玲
文案编辑 霍馨莹
封面设计 王秋忆

出版发行 山东大学出版社
社　　址 山东省济南市山大南路 20 号
邮政编码 250100
发行热线 (0531)88363008
经　　销 新华书店
印　　刷 山东和平商务有限公司
规　　格 880 毫米×1230 毫米 1/32
　　　　 4.75 印张 111 千字
版　　次 2022 年 8 月第 1 版
印　　次 2022 年 8 月第 1 次印刷
定　　价 38.00 元

前言

白首壮志驯大海，青春浩气走千山。习近平总书记有言："青年是整个社会力量中最积极、最有生气的力量，国家的希望在青年，民族的未来在青年。"聆听总书记教诲，感应新时代脉搏。从振兴发展的美丽乡村到红旗飘扬的西部边疆，从冰雪激情的杭体中心到滴水成晶的遥远南极，烟台大学的青年人不负嘱托、勇毅前行，斩获了诸多荣誉。新时代的河海蓬勃奔流，烟大青年置身其中，虽为滴水，仍抱怀着投入其中的灼灼理想，在劈波斩浪中开拓前进，在披荆斩棘中一往无前，在攻坚克难中创造佳绩。这让我们愿意相信："新时代的中国青年是好样的，是堪当大任的！"时代昂扬向上的轨迹，应是中国青年的生命轨迹。一个时代的精神是青年代表的精神，一个时代的性格是青年代表的性格。在他们的身上，我们可以发现一些共同共通的品质特点：崇高理想、诚实守信、自强不息、科研探索、团结协作、创新能力、服务奉献、担当责任、法治素养、感恩回馈。笔者以此为索引，整合归纳出部分优秀烟大青年的突出案例，借以挖掘当代青年人积极进取的精神品质，展现中国青年风华正茂的精神面貌和强国有我的使命担当。同时希冀更多有志青年以他们为榜样，从这些案例中汲取精神养料，将个人成长与国家命运紧密结合，在创新创造中书写成长和责任，在矢志奋斗中践行责任和理想！

本文部分精选优秀案例来源于"烟台大学""烟台大学法

学院”“烟大青年”“烟大药苑”等微信公众号，并作了适当修改。在此，一并向上述公众号及各位作者表示感谢。

作　者

2022年5月

目 录

第一章

崇高理想

涵养家国情怀，砥砺强国之志

弘扬爱国主义精神，必须尊重和传承中华民族历史和文化。对祖国悠久历史、深厚文化的理解和接受，是人们爱国主义情感培育和发展的重要条件。

——2015 年 12 月 30 日，习近平主持中共中央政治局第二十九次集体学习时的讲话

历史和现实告诉我们，家庭的前途命运同国家和民族的前途命运紧密相连。我们要认识到，千家万户都好，国家才能好，民族才能好。国家富强，民族复兴，人民幸福，不是抽象的，最终要体现在千千万万个家庭都幸福美满上，体现在亿万人民生活不断改善上。同时，我们还要认识到，国家好，民族好，家庭才能好。

——2016 年 12 月 12 日，习近平在会见第一届全国文明家庭代表时的讲话

中国人是了不起的。我们有 5000 多年源远流长的文明历史，是世界古代文明中唯一没有中断而延续至今的。在有史籍记载的多数时间里，中华民族在经济、科学、文化、艺术等诸多领域都走在世界前列，为人类文明进步作出过巨大贡献。

——2017 年 6 月 30 日，习近平在香港特别行政区政府欢迎晚宴上的讲话

中华民族历来重视家庭，正所谓"天下之本在国，国之本

在家”，家和万事兴。

——2018年2月14日，习近平在2018年春节团拜会上的讲话

爱国，是人世间最深层、最持久的情感，是一个人立德之源、立功之本。孙中山先生说，做人最大的事情，“就是要知道怎么样爱国”。我们常讲，做人要有气节、要有人格。气节也好，人格也好，爱国是第一位的。

要时时想到国家，处处想到人民，做到“利于国者爱之，害于国者恶之”。爱国，不能停留在口号上，而是要把自己的理想同祖国的前途、把自己的人生同民族的命运紧密联系在一起，扎根人民，奉献国家。

——2018年5月2日，习近平在北京大学师生座谈会上的讲话

在家尽孝、为国尽忠是中华民族的优良传统。

提倡爱家爱国相统一，让每个人、每个家庭都为中华民族大家庭作出贡献。

——2019年2月3日，习近平在2019年春节团拜会上的讲话

对每一个中国人来说，爱国是本分，也是职责，是心之所系、情之所归。对新时代中国青年来说，热爱祖国是立身之本、成才之基。当代中国，爱国主义的本质就是坚持爱国和爱党、爱社会主义高度统一。

——2019年4月30日，习近平在纪念五四运动100周年大会上的讲话

孟子曰:“天下之本在国,国之本在家,家之本在身。”家是国之小家,国是家之大家。家国情怀是中华优秀传统文化的基本内涵之一,是中华民族历经多次磨难而不灭的精神力量,是实现中华民族伟大复兴的中国梦的强大动力。在中国历史发展的长河中,我们每一步的前进,都留下了“家”与“国”同声相和、同频共振的音符,形成了中华民族独特的精神标识。家国情怀具有广泛深刻的内涵,作为中华优秀传统文化的智慧结晶,我们要充分汲取其中可以激励青年奋发的精神力量,为新时代青年的人生发展指明方向。

家国情怀,与其说是心灵感触,毋宁说是生命自觉和家教传承。无论是《礼记·大学》里“修身齐家治国平天下”的人文理想,还是《岳阳楼记》中“先天下之忧而忧,后天下之乐而乐”的大任担当,抑或是陆游“家祭无忘告乃翁”的忠诚执着,家国情怀从来都不只是摄人心魄的文学书写,更近乎你我内心的精神归属。在我们中国人的精神世界与传统文化中,个人与社会、家庭与国家是密不可分的整体,这是家国情怀的基础。新时代大学生肩负民族复兴大任,应该具有深厚的家国情怀,从个人修身做起,在重视家庭这个“小家”的基础上也要心怀国家,将爱“小家”和“大国”有机融为一体。

涵养家国情怀,大学生要牢记历史使命。2021 年是中国共产党成立一百周年,“一艘小小红船承载着人民的重托、民族的希望,越过急流险滩,穿过惊涛骇浪,成为领航中国行稳致远的巍巍巨轮”。中国共产党从嘉兴南湖扬帆起航,到井冈山星火燎原、遵义会议力挽狂澜,再到延安时期灯塔指引、西柏坡“进京赶考”,在百年奋斗征程中,党领导人民取得了举世瞩目的辉煌成就,绘就了波澜壮阔的历史画卷,留下了弥足珍贵的经验和精神财富。2022年是中国共产主义青年团成立一百周年，百年之前，在中华民族苦难深重之时，在中国共产党的领导下，中国共产主义青年团成立。一百年来，以学生为主力的中国共产主义青年团始终“以青春之我，创建青春之家庭，青春之国家，青春之民族”，开辟了广阔的新天地，迎来中国奔向黎明的曙光。一百年前，中国共产主义青年团喊出了“铲除武人政治和国际资本帝国主义的压迫”的响亮口号。一百年后，中华民族迎来了实现中华民族伟大复兴的中国梦的新时代，中国大学生肩负着光荣伟大的历史使命。大学生要深刻认识我国发展新的历史方位，要有“时不我待”的强烈历史紧迫感，为实现中华民族伟大复兴的中国梦贡献自己的力量。

涵养家国情怀，大学生要坚定理想信念。革命战争年代，无数仁人志士和革命先辈义无反顾、视死如归，是因为他们对社会主义、共产主义的远大理想和奋斗目标坚贞不屈、矢志不渝。改革开放时期，许多共产党员在平凡岗位上做出英雄壮举，也是因为胸怀共产主义远大理想和中国特色社会主义坚定信念。在和平安定的今天，更是有千千万万人不辞辛劳、默默奉献，以平凡的身份创造不平凡的业绩，这正是红色精神在每一代人身上的延续。信仰让我们找到方向，信仰让我们不断前行。正是在中国共产党的领导下，中华民族伟大复兴的前景才能如此光明，中国梦也不再遥不可及。我们要深刻地认识到党为实现中国梦所发挥的先锋力量，树立坚持和发展中国特色社会主义、建设社会主义现代化强国的信仰，回应新时代对青年的召唤，要从党史中领悟精神实质、汲取智慧力量，把党的理想信念、成功经验传承好、发扬好，做新时代的信仰传播者。

涵养家国情怀，大学生要树立远大理想。习近平总书记说："我将无我，不负人民。我愿意做到一个'无我'的状态，为中国的发展奉献自己。"作为新时代青年，大学生要确立切实的目标，不断增强做中国人的志气、骨气、底气，树立为祖国、为人民永久奋斗、赤诚奉献的坚定理想；不断增强"四个意识"，坚定"四个自信"，坚决做到"两个维护"，强固思想之基、补足精神之钙，同心同行坚定不移跟党走。要胸怀忧国忧民之心、爱国爱民之情，将个人的理想追求融入国家和民族的事业中，把激昂的青春梦融入伟大的中国梦中，让爱国主义成为"青春理想"的鲜明旗帜。要砥砺"不到长城非好汉"的强国志。我们站在比先辈更高更好的起点上，没有枪林弹雨，不用忍饥挨饿，但仍需"跋山涉水"。党员要牢记"第一身份""第一职责"，团员要牢记"党旗所指就是团旗所向"，群众要"身在草野心怀天下"，一举一动笃志行。

砥砺强国之志，在实践中把实现个人梦、家庭梦融入国家梦、民族梦之中。从"家事国事天下事事事关心"到"为中华之崛起而读书"，从辛亥革命、五四运动到"一二·九"运动，从争取民族独立到实现中国梦，家国情怀不仅是青年人秉承的信念，更流淌在中华民族血脉中。"不积跬步，无以至千里；不积小流，无以成江海。"实现个人梦与中国梦不仅需要锚定方向，更需要脚踏实地。梦想的实现过程是具体的、实践的，更是主动的、自觉的。广大青年不论学历高低、经历长短、资历深浅，都要把家国情怀转化为青春的奋斗激情，在各自的岗位上主动站前列，自觉创一流。

少年强则国强。我国正处于"两个一百年"历史交汇时期，百年未有的机遇正摆在我们面前，新时代青年是多么的幸运，与古老又年轻的中国在此相遇。中华民族之所以能够历经磨难、饱尝艰辛而不屈不挠、历久弥新，家国情怀是其中最深沉的力量。“国的家住在心里，家的国以和矗立。”作为中华儿女，我们有责任去维护国家的和谐；而当代大学生更应在最好的时代绽放最美年华，将个人理想、学业、事业与国家、民族命运联系在一起，将家国情怀牢记心中，以舍我其谁的气概，勇立潮头，敢于追梦、敢于圆梦，善谋实干、善作善成，用实际行动书写更华丽的篇章。

乡村振兴，服务大局

——记基层选调生高思源*

守信求实，尽职尽责

从入学时的共青团员到如今的中共党员，高思源时刻以一名党员的标准来严格要求自己。担任班长期间，他以诚待人，严于律己，和同学们谈心交流，引领班级建设向社会主义核心价值观看齐，向优良校风看齐，努力营造守信、求实、好学、力行的班级氛围。在班级管理上，他言而有信，严格按规章办事，带领班级策划了多项文体活动。作为班长，他用为同学们服务的行动诠释着“全心全意为人民服务”的宗旨，这也让他感受到了什么是“责任”。

---

* 高思源，曾荣获第十六届“挑战杯”鲁南制药山东省大学生课外学术科技作品竞赛一等奖、第八届“众成清泰杯”山东省高等学校大学生模拟法庭比赛一等奖、山东省大学生创新创业训练计划项目结项优秀奖。连续两年获得国家励志奖学金和烟台大学优秀学生干部奖学金，于 2020 年 10 月获得本科生国家奖学金。曾担任法学院学生会生活权益部部长，法学院法 171-1 班班长、团支部副书记；曾荣获 2018 年烟台大学优秀共青团员、2018 年烟台大学优秀青年志愿者、2019 年烟台大学自强不息先进个人等称号。在 2017～2018 年红旗团支部评选中，所在班级团支部荣获“红旗团支部”称号。本文案例参考《无奋斗，不青春/不畏艰难，勇攀高峰》《无奋斗，不青春/我身边的“烈火英雄”》，作部分修改。

弘扬公德,以身作则

高思源始终牢记社会公德,乐于助人,不断以个人行动为同学们作出表率。2019 年 8 月 25 日晚 10 时,学校北校区 10 号楼附近废弃建材突发火情,火焰借着风势很快扩散开来,映红了半边宿舍楼。面对火焰即将燃烧到宿舍楼的危险,高思源奋不顾身,立即组织宿舍全体同学和学校工作人员一道参与救火,浇水、盖土、扑打火焰,即使火焰烧坏了衣服和鞋子也不退缩,终于在损失进一步扩大之前及时将火扑灭。“关键时刻,我要站出来!”高思源舍身救火,用行动诠释新时代青年的勇气与担当。

崇尚大德,奉献社会

高思源在大学生活即将结束之际,经过深思熟虑,没有选择考研,没有选择从事律师工作,也没有选择参加国考和省考,而是选择了回到家乡枣庄,成为一名乡镇基层选调生。被问及为什么作出这个选择时,他说道:“我的家乡很落后,我从小就想着以后我要好好建设它。党先后提出并实施了精准扶贫与乡村振兴政策,这是改革的东风,更是时代的选择。作为一个农村出来的大学生,我享受了国家的义务教育和助学贷款,所以我更想借这样难得的机会用我的所学所悟去服务我的家乡,努力工作去回报社会。这样我的人生才能不遗憾。”

疫情突袭,坚守一线

“在需要我们的时间和地点,所有人员战斗在最前沿,坚守在村里的每一个检测点、卡口。工作者中有白衣天使,有红色志愿者，有热心群众，有机关人员，每天天刚亮大家就到达核酸检测现场，引导村民有序排队扫码，提醒村民佩戴口罩保持距离，错峰吃饭节省村民时间。每一名工作者都鏖战向前，生命安全就是前线，人民利益就是底线！"高思源第一时间投身基层防疫工作，战斗在最前沿。负责防疫物资的调配分发时，他和同事们一趟趟地卸车、分类、装车，有条不紊，干劲十足，几百箱矿泉水、上千箱方便面、几万个口罩被迅速送到各个防疫点。他说道："对于自己而言，成为选调生就是选择了服务基层群众，这就是我的初心。如今'战'在防疫前线，守护着群众的安全，感受着人民的支持，付出皆值得，初心从未改变！"艰难方显勇毅，磨砺始得玉成。作为选调生的他初心未变，使命在肩，战斗在前。

心怀热忱，不负青春

——记西部计划援疆志愿者马雅静*

“到西部去，到基层去，到祖国最需要的地方去。”作为一名大学生，作为一名新时代青年，这是马雅静决定前往边疆进行志愿服务的初衷。加之受到学姐、学长的感染，马雅静对成为西部计划志愿者充满憧憬，于是报名参加了“2021 年大学生志愿服务西部计划”。从正式成为西部计划志愿者的那一刻起，她就许下诺言：“作为新时代青年和西部计划志愿者，在以后的基层工作中，我将坚守初心，履行好责任和使命，努力成为一名优秀的西部计划志愿者！”

诗和远方，大美新疆

2021 年 5 月，怀着青春的热情和对西部的向往，马雅静报名参加了西部计划，很快通过了选拔，来到了服务地——新疆维吾尔自治区巴音郭楞蒙古自治州轮台县野云沟乡。高原湖泊，雪山雄峰，原始森林，辽阔草原，戈壁荒漠，古城遗迹，这里蕴藏着红色的信仰，这里饱含着青春的希望，这里汇聚着年轻的梦想。在参加西部计划期间，马雅静结识了许许多多怀揣

---

* 马雅静，烟台大学法学院 2017 级本科生，2021 年大学生志愿服务西部计划志愿者，服务于新疆维吾尔自治区巴音郭楞蒙古自治州轮台县野云沟乡党政办，曾担任法学院团委志工部副部长。本文案例参考《西部计划/2017 级校友马雅静：心怀热忱，不负青春》，作部分修改。

着同样梦想的伙伴，也领略了壮美瑰丽的西北风光。

心怀热忱，尽心奉献

来到服务单位后，在同事的热心帮助下，马雅静发挥自己耐心、细致、好学、热心的优点，很快便掌握了工作内容。在完成本职工作的同时，她与来自五湖四海的志愿者积极开展志愿服务活动，知民之所需，解民之所困。参加疫情防控，进行法治宣传，在秋末与当地居民一起采摘棉花……她的身影遍布野云沟乡的田间地头、房前屋后。马雅静谈道，她最珍惜的就是每一次参与工作时向在基层工作多年的前辈们学习的机会，从他们身上可以学到很多优良的品质和一些工作技巧。和前辈们在一起工作，使马雅静对党建工作有了更深的了解和认识，深刻感受到了党员的先锋模范带头作用对于落实政策的积极影响。

服务社会，绽放青春

在新疆工作的这段时间里，马雅静深刻认识到，志愿者就是帮助他人、提升自己。要真正帮助到他人，就需要在实现自我价值的同时回馈社会。也正是在西部，她可以用行动来实现自己最大的梦想——学有所用，回报社会。自己的力量或许微薄，但是马雅静想到能够与所有同在西部的人一起在基层发光发热，一起描绘祖国西部更加美好的发展蓝图，她就充满干劲。她感慨道："在这里有付出、有收获、有辛苦、有感动，它是我人生中最难忘的一段经历。在这里认识了许多志同道合的朋友，大家都在各自的岗位上尽心尽力地工作，奉献西部，实现自己的人生价值。"每天的工作都让马雅静清楚地认识到，自己正在收获着无与伦比的甜，生活固然朴素，但梦想不曾遥远，是大漠落日，是巍巍天山，也是一段难忘的回忆，一程无悔的青春……她表示，自己将牢记学校嘱托，始终秉承“守信、求实、好学、力行”的烟大校训和“海纳百川，敢为人先”的烟大精神，以青春之我、奋斗之我，投身西部基层建功立业，让青春在党和人民最需要的地方绽放绚丽之花。

有一种责任是冲锋在前，有一种使命叫义无反顾，有一种力量会坚强如钢。马雅静告诉自己：哪怕绵薄，也要做一个为西部的未来贡献力量的人。作为一名青年志愿者，马雅静始终牢记志愿者的使命，心怀热忱，用理想和信念实现着人生的价值，走在志愿服务西部的道路上，历经磨砺，摆脱稚气，走向成熟，以昂扬的斗志积极践行志愿者精神，铺就绚丽多彩的志愿者之路，不负如歌的青春。

第二章

诚实守信

学以载道，诚信为本

领导干部要把深入改进作风与加强党性修养结合起来，自觉讲诚信、懂规矩、守纪律，襟怀坦白、言行一致，心存敬畏、手握戒尺，对党忠诚老实，对群众忠诚老实，做到台上台下一种表现，任何时候、任何情况下都不越界、越轨。

——2013 年 8 月，习近平在辽宁考察时的讲话

我们提出要倡导富强、民主、文明、和谐，倡导自由、平等、公正、法治，倡导爱国、敬业、诚信、友善，积极培育和践行社会主义核心价值观。富强、民主、文明、和谐是国家层面的价值要求，自由、平等、公正、法治是社会层面的价值要求，爱国、敬业、诚信、友善是公民层面的价值要求。这个概括，实际上回答了我们要建设什么样的国家、建设什么样的社会、培育什么样的公民的重大问题。

——2014 年 5 月 4 日，习近平在北京大学师生座谈会上的讲话

“凡交，近则必相靡以信，远则必忠之以言。”中国坚持按照亲、诚、惠、容的理念，深化同周边国家的互利合作，努力使自身发展更好惠及周边国家。

——2014 年 6 月 28 日，习近平在和平共处五项原则发表

60 周年纪念大会上的讲话

公有制企业也好，非公有制企业也好，各类企业都要把守法诚信作为安身立命之本，依法经营、依法治企、依法维权。

——2016 年 3 月 4 日，习近平参加全国政协十二届四次会议民建、工商联界委员联组会时的讲话

对突出的诚信缺失问题，既要抓紧建立覆盖全社会的征信系统，又要完善守法诚信褒奖机制和违法失信惩戒机制，使人不敢失信、不能失信。对见利忘义、制假售假的违法行为，要加大执法力度，让败德违法者受到惩治、付出代价。

——2016 年 12 月 9 日，习近平在中共中央政治局第三十七次集体学习时的讲话

企业家要做诚信守法的表率，带动全社会道德素质和文明程度提升。

——2020 年 7 月 21 日，习近平在企业家座谈会上的讲话

人无信不可，民无信不立，国无信不威。党的十八大以来，习近平在国内外多个重要场合强调诚信的重要性，为诚信在社会生活、外交关系方面的价值体现开启了多维视野，提供了基本遵循。莎士比亚说过："如果要别人诚信，首先要自己诚信。"海涅也说："生命不可能从谎言中开出灿烂的鲜花。"诚信，是一种品格，是一个人安身立命之本；诚信是一种责任，是国家友好交往的前提；诚信是一种社会主义核心价

值观个人层面的价值准则，是一种道德规范和品质，是中华民族的传统美德，也是一项民法原则。其重要性毋庸置疑，它是人类社会交往行动的普遍精神，也是人类共同生活的通则。

诚信不仅关乎国民的道德素质，更关涉民族和国家的形象。诚信对于大学生的学习生活有重要的影响，大学生的诚信意识、诚信行为、诚信品质，直接关系到个人的发展前途，关系到中华民族的未来。诚信是大学生树立理想、坚定信念的基础，一个没有良好诚信品德的人，不可能有坚定的理想信念；一个在平时不讲诚信的人，不可能在关键时刻为崇高的理想信念作出牺牲。无诚业难立，无信事难成。诚信是大学生全面发展的助推器，更是实现中华民族伟大复兴并终身为之奋斗的理想信念的基础。

诚信是现代社会不可或缺的个人无形资产，诚信的约束不仅来自外界，更来自我们的自律意识和自身的道德力量。诚信如名片，是个人的金字招牌。当代大学生应以诚为本，以信立人，以诚信为标杆，诚信做人、诚信做事，杜绝不诚信的行为，对自己及他人负责。

大学生要做到自觉树立诚信品质，就要注重个人思想素质的提升。思想素质是诚信的内在基础，是诚信的出发点，所以努力提高思想素质是树立诚信的第一步。约束个人行为，养成良好的行为方式有助于诚信的树立，良好的诚信品质必须建立在道德观念和法律观念上。要讲信用不食言，诚信就是诚实和信用的结合体，不管是在生活中还是工作中，都必须守诚守信，做到言出必行，事事讲信用。要树立诚信观念。意识主导行为，只有树立正确的诚信观念，为人处事才能光明磊落，才能处处彰显诚信。

具体行为包括：一要严格遵守考试纪律，不作弊不抄袭，诚信应考。我们到大学学习，是为了获得知识和技能，如果依靠作弊而通过考试，那我们的收获又在哪里？大学生是新时代的中坚力量，是社会主义事业的接班人。试问如果从大学时代就开始作弊抄袭，出现这种不诚信的现象，那么在将来成为企业管理者或者政府部门的工作人员，面对更大的诱惑时，又会怎样做呢？二要严格遵守学术诚信，严禁论文挂名、证书造假等行为。国家非常重视大学生的学习和生活，每年给学生的补助和奖励是很充足的。想要获得荣誉，必须依靠自己的努力，而不是通过某种关系或者造假等行为获得。三要时刻用诚实守信来要求自己，杜绝一切不诚信行为。有些人通过职位上的便利，为自己或者朋友谋取利益，获得了暂时的好处。我们要明白这种行为是不利于自己长期发展的。我们不仅要及时规劝，还要通过合理的途径举报。大学校园养成诚实守信的好风气，对整个社会风气的净化也会起到积极作用。

诚信是大学生进入社会的门票，诚信者的前景是壮阔的，不诚信者的道路是狭窄的。当代大学生应从自己做起，做一个诚信的大学生，“言必信，行必果”，以诚实守信作为思想行为规范，不断提高思想道德素质、科学文化素质，实现全面发展。一个诚信的社会，才是和谐的社会；一个有诚信的民族，才是有希望的民族！

文化标识，立德树人

——守信、求实、好学、力行*

大学文化是大学在长期发展过程中形成的历史积淀、人文品格和价值理念，是一所大学赖以生存的精神支柱，凝聚着学校的办学理念和办学特色，引领着学校的价值追求和行为导向。烟台大学高度重视文化建设，构建文化标识，弘扬优良传统，坚持继承与创新相结合，通过多种形式培养学生优良品德，近年来取得突出成绩：《新时期立德树人工作的探索与实践——以烟台大学为视角》一书，入选教育部思想政治工作司“高校德育成果文库”；获评山东省“德耀齐鲁”道德示范基地；关注学生成长，全面开展心理健康教育，连续 5 年获评“山东省大学生心理健康节优秀组织单位”，3 人入选“山东省高校十佳心理健康教育博客”，心理咨询网获评“山东省高校十佳心理健康教育网站”，心悦协会获评“山东省十佳心理社团”，两篇文章获山东省心理健康节优秀论文一等奖，“吾爱吾·心之旅”心理健康教育宣传月获省高校校园文化建设一等奖、教育部高校校园文化建设优秀成果二等奖。“十三五”期间，烟台大学在正确文化观的指引下，努力建立健全大学文化建设的长效机制，积极构建特色鲜明、积淀深厚的烟大文化。

作为多年的烟台市文明单位、文明校园和第三届省级文

* 本文参考烟台大学党委宣传部《精彩烟大：文化建设篇》，作部分修改。

明校园，烟台大学已逐渐成为立德树人的文明高地、塑造灵魂的精神家园。学校逐步整合、凝练、完善符合中国特色、体现时代特点、具有烟台大学特色的文化标识。多年来，我们始终恪守“守信、求实、好学、力行”的校训，秉承“海纳百川，敢为人先”的烟大精神，弘扬“富强、民主、文明、和谐，自由、平等、公正、法治，爱国、敬业、诚信、友善”的社会主义核心价值观，培育了一代又一代时代新人。

烟台大学坐落于第一批沿海开放城市——烟台，地处黄海之滨，是国内离海最近的大学。海纳百川是对烟台大学地理环境的形象诠释，大海孕育了烟台大学博大包容、胸怀宽广的精神气质。多年来，烟台大学以宽广的胸襟和恢弘的气度，融多学派思想，聚海内外英才，育各层次人才，展现出一所海滨大学的开放、包容、博大，展现出一种大爱、大德、大情怀。只有海纳百川，开放包容，才能富有远见卓识，悦纳人才，团结一切可以团结的力量，汇聚起一切可以汇聚的智慧，形成烟大发展的磅礴力量。1984 年，时任国务院副总理万里同志曾指示烟大“闯开一个新局面，创出一个新模式”。烟台市委解放思想、不拘一格地擘画烟台大学，烟台、威海人民集资建设烟台大学，敢为人先的改革创新精神自建校之初便融入烟大血脉。从北京大学、清华大学两校共同援建烟台大学的独特办学模式，到建校初期学分制、毕业生双向选择及奖学金制度等一系列探索实践，无不体现着这一精神内涵。烟台大学在改革创新中诞生，在改革创新中发展，也只有依靠改革创新才能走向未来。坚持内涵式发展、推进高水平大学建设，需要继续弘扬敢闯敢试、先行先试、敢为人先的改革创新精神，要勇于冲破思想观念的束缚，勇于革除体制机制的弊端，在实践中求真知，在探索中找规律，由此才能激发出学校发展的强劲动力，推动烟台大学向着建设特色鲜明、大部分学科具有国际影响力的高水平大学阔步前进。

“守信、求实、好学、力行”，烟大校训强调崇尚诚信，注重实效，追求真理，开拓创新，以好学的精神求智，以力行的精神履践仁道。重诚信是中华文化的精髓，也是为人立身之本；求真务实是中国共产党的光荣传统，也是中国特色社会主义事业成功的保证。“好学近乎知，力行近乎仁，知耻近乎勇。”孔子的这番话告诉我们，只有坚持学习，不断进取，才能获得学识与智慧；在任何困难面前，我们都应努力奋斗；我们要知荣辱、明是非、辨善恶，坚持正义，勇于与邪恶斗争。烟大学子将此作为修身的根本，持志力行，勤勉进取，以求达到“知者不惑，仁者不忧，勇者不惧”，诚信求实、畅行天下的理想人生境界。

十年树木，百年树人。烟大师生以“守信、求实、好学、力行”为校训，这不单单是一句口号，更是人生道路上指引我们不断前进的一面旗帜，循此方向奋斗，自强不息！

考之以诚，答之以信

——诚信考试进行时

孟子曰:“车无辕而不行,人无信则不立。”诚实守信是中华民族的传统美德。诚信考试是责任的体现,也是品德的体现。诚信考试要求考生自律、自觉,在考试过程中端正态度,严格遵守考试规章制度,实事求是,杜绝各种形式的作弊行为。诚信是公正审查的前提和必要条件。如果诚信缺失,考试就会失去应有的意义。从这个意义上说,诚信考试不仅是对学生学习质量的测试,而且也是对学生道德标准的测试。

为了培养学生的诚信品质,端正考试态度,严肃考风纪律,营造公平公正的考试环境,烟台大学各学院举办了团体日活动、主题班会、诚信考试教育等活动,纠正考风、严肃考纪,培养学生的诚信意识。学生在面对压力重重的考试时,切记不作弊,不抄袭,通过自己的努力和奋斗达到预期的目标。

认真复习,积极备考。学习是一个积累的过程,考试是反映学习效果的重要手段。学生在复习过程中须制订合理的计划并安排好复习时间,掌握重要知识点,熟悉主要内容,提高复习效果,用自己的努力换得优异成绩。

文明考风,诚信考试。靠实力考试体现了自信的人生态度,考试作弊是懦夫的表现。诚实既是道德也是责任。遵守考试纪律、诚信考试是每个学生的责任,这不仅是对自己负责,而且也是对道德负责。大学生即将步入社会,应该知道社会需要的是具备高尚品德的人。

端正态度，切忌浮躁。很多学生在考试前都会患上所谓的“考前综合征”。其实，只要正确认识到考试的意义和作用，实事求是，身体力行，把考试作为检验自己学习效果和发现问题的一种方式，考试就不会那么可怕。

严格遵守考试纪律，严于律己。在考试过程中，严格遵守考试纪律，不马虎松懈，坚持公平竞争原则，坚决杜绝作弊等违规行为。学生们应该互相提醒，互相监督，一旦发现考场有舞弊行为，应立即向监考人报告，以维护考场的公平和秩序。

诚信考试是对知识的尊重。考试作为一种评价手段，历来是检验教学质量和学习效果、选拔和培养人才的重要手段。通过对考试结果的分析，我们可以了解和提高“教”和“学”的质量。因此，考试尤其需要公平和正义。只有过程公平，才能保证结果的公平、评价的真实性和可靠性，并为我们的下一步行动提供最真实的指导。这就需要我们的诚信来作保证。“分数诚可贵，人格价更高”，诚信让考试更有意义。学生应该以诚信的态度对待每一次考试，检验自己的真实水平，维护诚信和正义。“千里之行，始于足下。”营造良好的考风要从现在做起，把道德原则和道德规范内化为自己的信念并付诸行动，用一颗纯净的心吸纳无尽的知识，远离考场作弊，坚守心中的诚信。

第三章

自强不息

将来的你，一定会感谢现在拼命的自己

“宝剑锋从磨砺出，梅花香自苦寒来。”人类的美好理想，都不可能唾手可得，都离不开筚路蓝缕、手胼足胝的艰苦奋斗。我们的国家，我们的民族，从积贫积弱一步一步走到今天的发展繁荣，靠的就是一代又一代人的顽强拼搏，靠的就是中华民族自强不息的奋斗精神。

——2013 年 5 月 4 日，习近平在同各界优秀青年代表座谈时的讲话

天行健，君子以自强不息。

——2014 年 4 月 1 日，习近平在布鲁日欧洲学院的讲话

实现我们的发展目标，实现中国梦，必须增强道路自信、理论自信、制度自信，“千磨万击还坚劲，任尔东南西北风”。

——2014 年 5 月 4 日，习近平在北京大学师生座谈会上的讲话

残疾人是社会大家庭的平等成员，是人类文明发展的一支重要力量，是坚持和发展中国特色社会主义的一支重要力量。希望各位自强模范再接再厉，希望广大残疾人从自强模范身上汲取力量，自尊、自信、自强、自立，更加勇敢地迎接生活的挑战，更加坚强地为实现人生梦想、为实现我们的共同梦想而努力，推动我国残疾人事业在新的征程中

不断迈上新台阶。

——2014年5月16日，习近平会见第五次全国自强模范暨助残先进集体和个人表彰大会受表彰代表时的讲话

奋斗者是精神最为富足的人，也是最懂得幸福、最享受幸福的人。

——2018年2月14日，习近平在2018年春节团拜会上的讲话

“积土而为山，积水而为海。”幸福和美好未来不会自己出现，成功属于勇毅而笃行的人。

——2018年4月10日，习近平在博鳌亚洲论坛2018年年会开幕式上的讲话

“天行健，君子以自强不息”，出自《周易·象传》。1914年11月，梁启超到清华大学演讲时，即以“天行健，君子以自强不息”“地势坤，君子以厚德载物”激励学子努力成为“真君子”。他指出：君子自励，犹天之运行不息，不得一曝十寒。不应见利而进，知难而退，而应摈私欲尚果毅，见义勇为，不避艰险，自强不息；君子接物，应度量宽厚，犹大地之博，无所不载。责己厚，责人轻，有容人之量。以博大之襟怀，吸收新文明，改良我社会，促进我政治，担负起历史重任。后来“自强不息，厚德载物”成为清华大学校训。如果说有一句话能体现中华民族深沉的精神追求与坚毅的个性品质，那就一定是《周易》中的这句话。如同天的刚强劲健，人也应该是刚毅坚卓、力求进步的。独立自主、自尊自强、坚忍不拔、不屈不挠……这正是我们最可贵的民族特性。

自强不息是中华民族的民族魂，是中华民族保持凝聚力

并团结向上的精神力量。近代以来，多少仁人志士，有着抛洒热血、毁家纾难的慷慨；多少跋涉探索，有着"明知山有虎，偏向虎山行"的勇气！中国共产党领导人民群众经过艰苦卓绝的斗争最终赢得胜利，中国人民从此站起来了，彻底摆脱了半殖民地半封建社会，建立了中华人民共和国。新中国成立初期，国内形势错综复杂，工农业生产水平低，商品流通不畅，严重影响了国家财政收入。然而，全国人民并没有被困难吓倒。毛泽东说："我们面前的困难是有的，而且是很多的，但是我们确信：一切困难都将被全国人民的英勇奋斗所战胜。"在党中央的领导下，全国人民自强不息、意气风发地投身经济建设。自强不息，支撑着中华民族生生不息、薪火相传，今天依然是新时代激励中国人民奋勇前进的强大精神力量。

我们要直面困难，勇于挑战。自强者坚信"天生我材必有用""前途是自己创造出来的"，他们藐视困难，追求高远目标，面对人生激流中的暗礁与险滩，他们奋勇拼搏，永不停下前进的脚步。最好的生活就在前方等你，但它不会无缘无故地出现，需要你亲手创造。

我们要坚持到底，不轻言放弃。正如荀子所言："锲而舍之，朽木不折；锲而不舍，金石可镂。"立志容易奋斗难，这句名言也告诉我们一个永恒的道理：只有坚定意志、自强不息、锲而不舍地奋斗才能实现理想。否则，无论我们立下多少志向，都是空谈而不会变成现实。考虑一千次不如做一次，犹豫一万次不如实践一次，华丽的跌倒胜过无谓的彷徨。放弃很容易，但会一无所有，坚持很难，但一定会有收获。

成功就是一把梯子，双手插在口袋里的人是爬不上去的，只有努力向上爬的人，才能到达顶峰。每一个优秀的人，都有一段沉默的时光，那一段时光是付出了诸多努力，忍受了诸多孤独和寂寞，不抱怨不诉苦，日后说起时连自己都能被感动的日子。鲁迅说："在行进时，也时时有人退伍，有人落荒，有人颓唐，有人叛变，然而只要无碍于进行，则越到后来，这队伍也就愈成为纯粹，精锐的队伍了。"勇敢，世界就会让步，即使有时候你被它打败了，但只要勇敢再勇敢，它就会屈服。机会，需要我们去寻找。让我们鼓起勇气，运用智慧，把握我们生命的每一分钟，创造出一个更加精彩的人生。希望所有人都不要以困难为借口逃避，停滞不前，希望所有人都记得曾经在图书馆、教学楼里努力的自己。时光不会辜负努力进取的人，坚持就是胜利，未来的你定会感激那个在青春路上拼命努力的自己！

昂昂千里，泛泛不作水中凫

——记青春榜样苟瑞鹏*

不经一番寒彻骨，怎得梅花扑鼻香

两岁时的一场高烧，让苟瑞鹏原本欢闹的世界瞬间变得寂静无声，一个充满欢声笑语的家庭也瞬间变得沉寂。面对重度耳聋这样难以承受的打击，苟瑞鹏坚强的父母没有放弃，带他四处求医。在一次次碰壁后，苟瑞鹏走上了戴助听器的康复训练之路。为了教会他一个字的读音，父母会把手放在他的鼻子上、喉咙旁，一遍又一遍地教他发音。过程枯燥、漫长，但为了学会说话，苟瑞鹏从未放弃。

当听和说成为挑战，苟瑞鹏别无选择。十余载的康复训练

---

* 苟瑞鹏，男，多重残疾人(听力残疾、言语残疾)，2015 级烟台大学人文学院汉语言文学专业本科生。曾担任烟台大学阳光爱心社手语组副部长、烟台大学人文学院柏舟文学社宣传部部长、烟台大学党委学生工作处"烟大学子"工作室编辑部副部长。获得烟台大学 2017～2018 年度"青春榜样"称号，烟台大学学习贯彻党的十九大精神"中国梦，我的梦"主题演讲比赛一等奖，河北卫视"中华好诗词大学季"烟台大学赛区二等奖，烟台大学小虫诗社诗词竞赛二等奖，"农行杯"烟台大学第二届中国诗词大会一等奖，烟台市第五届爱聋手语才艺大赛初级组二等奖，烟台市第六届爱聋手语才艺大赛中级组一等奖。他创作了用自然手语翻译的手语诗歌——《你还在我身旁》，引起巨大反响，并成为"第二届爱聋手语暨聋教育研讨会"的志愿者。本文案例参考韩烨：《上天把他置于弱音的世界，他却奏出了响亮的青春赞歌》，作部分修改。

未曾消磨他的斗志,他试着发出完整的音节,试着登上演讲的舞台,试着拥抱多彩的大学生活。他勇敢地追寻自我,登台演讲,并获得烟台大学学习贯彻党的十九大精神"中国梦,我的梦"主题演讲比赛一等奖。对他而言,听和说不单意味着发声器官的共振,更意味着阳光勇敢的心灵,以及蕴含无限可能的人生。

满纸自怜题素怨,片言谁解诉秋心

幼年时在古都南京的语言康复训练使苟瑞鹏对诗文朗诵与汉语言文学产生了浓厚的兴趣,"用手感知,用心感悟"这样独特的语言学习经历让他体验到了中华文化特有的魅力,使他在文学创作领域具备了爱幻想和多创意的特质,他想以笔墨征战文场,以诗词寻友同游。在汉语言文学专业的学习中,苟瑞鹏领略到中文的包罗万象与逻辑理性,丰富多彩的大学生活给他提供了一个更加广阔的舞台,让他可以尽情释放自己的才华。苟瑞鹏加入了烟台大学人文学院柏舟文学社,这让他可以更加深刻地了解和感受文学的魅力。听力上的缺陷反而可以让他安心地在诗词之中徜徉,在沉思之中创作。

是金子总会发光。苟瑞鹏在大学期间先后进入烟台大学校团委宣传部新媒体中心、烟台大学党委学生工作处"烟大学子"工作室、烟台烟风网络科技有限公司做编辑工作,并帮助张守海老师建立、运营"烟大文学评论"公众号,在这一行业不断进取,积累了丰富的图文编辑和平台运营的经验。沉心的钻研让他在诗词方面也颇有一番造诣,大学期间获得的河北卫视"中华好诗词大学季"烟台大学赛区二等奖、烟台大学小虫诗社诗词竞赛二等奖以及"农行杯"烟台大学第二届中国诗词大会一等奖便是对他辛勤付出最好的回报。

千淘万漉虽辛苦，吹尽狂沙始到金

手语是聋人的语言，是聋人文化的核心。烟台是近代外国手语的传入地和中国手语的发源地，而就读烟台大学，让苟瑞鹏与手语、与聋人文化相遇。

初入大学，社团纳新时阳光爱心社的手语歌表演吸引了他，他因此加入了阳光爱心社，努力学习手语。他全身心参与手语课，主动参与社团、山东省爱聋手语中心等单位举办的各项公益活动，参与了第五届爱聋手语才艺大赛，获得初级组二等奖，同时获得2015～2016年度社团先进个人。此外，他在以烟台手语调研为主题的暑期社会实践中也取得了优异的成绩。

大二时他当选阳光爱心社手语组副部长，进入山东省爱聋手语研究中心开始手语进阶学习，多次为爱聋各项活动提供志愿服务，并参与了第六届爱聋手语才艺大赛，获得中级组一等奖。离任后，他并未停止学习手语的脚步，而是持之以恒，在单位继续手语进修和实习。经过三年的学习积淀，在乔卫华老师的指导下，耗时四个月，他创作了用自然手语翻译的手语诗歌——《你还在我身旁》(原作者:香港中文大学戴畅)，在社会上引起巨大反响，他成功加入“中国聋人研究”(Chinese Deaf Studies)群，认识了郑璇、卢苇、姚登峰、杨军辉等优秀前辈，并获得第二届爱聋手语暨聋教育研讨会志愿者资格。

“昂昂千里，泛泛不作水中凫。”大学丰富多彩的经历让苟瑞鹏对未来抱有更多的期待，自强不息的他期待能与更好的自己相遇。彼时的他，能自信谈吐，能诗交四海，能与更多的聋人朋友快乐地生活在同一片阳光下。

筑梦拼搏，无问西东

——记"国奖"获得者陈宗超*

始于热爱，终于热爱

在烟大生活的日子里，陈宗超从不吝于奉献一己之力，以服务老师、服务同学为己任，积极参与各项学生工作。其实早在踏入大学校门之前，陈宗超对于学生工作并不陌生，小学时担任班长，初中任团支部书记，高中成为学生会的一员，多年来与学生工作密不可分的经历，让他已经习惯并且爱上了学生工作。在担任班级团支书期间，陈宗超带领团支部开展各类班团活动，建立团支部微博、公众号，并在大二学年荣获"烟台大学十佳红旗团支部"，所在班级荣获"山东省先进班集体"。在任学院学生会主席期间，陈宗超协助学院举办了中华

---

* 陈宗超，文学与新闻传播学院 2018 级汉语言文学专业本科生，曾任学院学生会主席、校学生会办公室主任、中 181-5 团支部书记、中 201-4 班导师助理。曾获山东省高等学校优秀学生，全国大学生组织管理能力竞赛决赛三等奖，烟台大学优秀共青团员、优秀共青团干部、优秀学生干部、勤工助学先进个人、自强不息先进个人、2020～2021 学年大学生健康体质测试优秀标兵、校运会铁饼第六名、百炼之星评选一等奖、2020～2021 学年学习进步奖学金、2020～2021 学年国家奖学金等荣誉。其作品曾获烟台大学 2020 年"华为杯"船模竞速赛创意组三等奖、第十七届记者节视频类优秀奖、2020 年大学生艺术展演二等奖、反诈骗设计大赛三等奖、五四优秀书法作品评选二等奖。本文案例参考陈宗超、李姝阅：《青春榜样陈宗超：但行好事，莫问前程》，作部分删改。

优秀传统文化节、记者节等大大小小十余项活动，取得了不错的成效，所在学生会也被评为“烟台大学优秀学生会”。

明确目标，提高效率

刚进入大学的时候，陈宗超的学习成绩并不尽如人意，无法平衡学习和工作一度使他迷茫。当他看到学校里一些优秀学子的事迹时，当与学弟、学妹进行经验交流却不敢提及学习成绩时，陈宗超意识到：“学生的第一要务是学习，没有学习成绩一切都是空谈。”面对繁重的学生工作与紧张的学业之间的冲突，陈宗超总结出了一套自己的经验。他认为学生工作和学习实质上是可以相互促进的，由于学生工作占用的课余时间较多，他不得不督促自己提高课堂效率和课余时间的利用率，这在一定程度上提升了自己的专注力。在工作过程中，他十分注重将自己从书本里学到的知识转化为实践能力，做到了相互促进、知行合一，这也在无形之中锻炼了自己的协调能力和抗压能力。他感叹：“这一过程有时候固然令人感到痛苦，但痛苦的存在正是证明自己在走上坡路！”正因如此，他甘之如饴。确定清晰明确的目标，是压力也是巨大的动力，把大目标拆分成一个一个小目标，脚踏实地，把每一步的部署完成好才能把整个大计划完完整整地执行下来。从年级 152 名到 108 名，再到年级第一，陈宗超用自己的实际行动展现了学生干部应有的风采。不仅如此，陈宗超还深入基层，积极参加社会实践，他曾经带队前往沂蒙革命老区探访红色文化，寒假期间组织元宵慰问活动，最终以优秀的综合素质荣获 2020～2021 学年国家奖学金。

但行己事，无问西东

“无论外界的社会如何跌宕起伏，都对自己真诚，坚守原则。内心没有了杂念和疑问，才能勇往直前。”“愿你在被打击时，记起你的珍贵，抵抗恶意；愿你在迷茫时，坚信你的珍贵。爱你所爱，行你所行，听从你心，无问西东。”电影《无问西东》带给陈宗超久久的感动。因此，他始终信奉一切成绩或成果都是自己努力的结果，要保持努力向上的态度和高昂的热情，从初心出发去做事做人。比起“唯目的论”，陈宗超更享受拼搏的过程。在志同道合的工作伙伴的陪伴下，在与老师、学长学姐的交流中，他找到了工作、学习的节奏，有了更达观的人生态度。他在烟园如诗如画的景色中沉静下来，专注于学习，专注于自己，时时刻刻以高标准来严格要求自己，去创造一种更有意义的人生，用努力和热爱去拥抱生活，不被生活中的小事缠累，相信生活始终是美好的，并对生活怀有感恩之心。也正因如此，陈宗超才能从中汲取营养，从而拥有源源不断的力量。

人生海海，山山而川，不过尔尔。但行好事，莫问前程！

第四章

科研探索

第四章

科研探索

且学且行，且行且思，永远在路上

习校长勉励学生在校期间的第一位任务是搞好学习，学好本领，提高自身素质。要讲求实干，将理论与实践相结合，注重实践，有实践的能力和勇气，在实践中提高处理问题和解决问题的能力。

——《我们的好校长习近平同志》

同学们的忧国忧民，只有到基层中去、到实践中去、到人民中去，才能真正知道所学的知识如何去发挥、如何去为社会作贡献。

——《习书记傍晚与我们社会实践团座谈》

青年人正处于学习的黄金时期，应该把学习作为首要任务，作为一种责任、一种精神追求、一种生活方式，树立梦想从学习开始、事业靠本领成就的观念，让勤奋学习成为青春远航的动力，让增长本领成为青春搏击的能量。

——2013 年 5 月 4 日，习近平在同各界优秀青年代表座谈时的讲话

青年处于人生积累阶段，需要像海绵汲水一样汲取知识。广大青年抓学习，既要惜时如金、孜孜不倦，下一番心无旁骛、静谧自怡的功夫，又要突出主干、择其精要，努力做到又博又专、愈博愈专。特别是要克服浮躁之气，静下来多读经典，多知其所以然。

——2017年5月3日，习近平在中国政法大学考察时的讲话

新时代中国青年要增强学习紧迫感，如饥似渴、孜孜不倦学习，努力学习马克思主义立场观点方法，努力掌握科学文化知识和专业技能，努力提高人文素养，在学习中增长知识、锤炼品格，在工作中增长才干、练就本领，以真才实学服务人民，以创新创造贡献国家！

——2019年4月30日，习近平在纪念五四运动100周年大会上的讲话

要坚持理论和实践相结合，注重在实践中学真知、悟真谛，加强磨练、增长本领。

——2022年3月1日，习近平在中央党校（国家行政学院）中青年干部培训班开班式上的讲话

大学是大学生德、智、体、美、劳全面发展的舞台，是学生学习专业文化知识的平台，能够为学生的将来打下坚实基础。大学有着浓厚的学习氛围和丰富的学习资源，是促进师生成长、培养新时代人才的沃土。同样，面对新的知识体系、新的生活环境和新的美好世界，大学生也应该认清发展趋势，把握发展方向，从学习方法、实践操作、人生观念和态度等方面进行转变，全面获取知识，提高各方面素质，树立正确的学习观与科学的世界观、人生观和价值观，实现成长、成才。

毛泽东读了数十遍《资治通鉴》，得出“秀才说得多、做得少，以及谁也看不起谁”的结论。“涉浅水者见虾，其颇深者察鱼鳖，其尤甚者观蛟龙。”大学生应密切关注新时代的发展形

势，采用科学的方法，结合自身实际情况，选择合适的学习方向，采用高效的学习方法，理论联系实际，在学习中深入探索，在实践中磨炼技能。

会学习

大学生应该树立终身学习的观念。“学所以益才也，砺所以致刃也。”大学不是终点，而是新起点。大学是积累知识、提高能力的黄金时期。大学生要抓住美好的青春时光，树立正确的学习观，以“时不我待，只争朝夕”的精神投入学习，把学习内化为人生态度，诚实求学、锐意创新、精益求精。做到深入学习、深刻理解，使自己的思维广度和知识深度能够适应时代的快速发展，争做时代的弄潮儿。要善于高效学习，养成科学安排时间、提前预习、复习巩固、勤于思考、敢于质疑、大胆提问、实践操作的习惯。

大学生应该学会自主学习。大学阶段是师生共同努力培养学生学习能力的关键时期。“教是为了不教，学是为了会学。”许多学生往往习惯了高中的灌输式学习，更容易接受让老师画出重点、死记硬背的学习方法。然而，需要注意的是，这意味着学生学习的知识都停留在记忆、理解和应用的低级思维阶段，很难向注重分析、创造和评价的高级思维转变。当代大学生只有具备高层次的思维能力，才能真正有效地掌握更深层次的知识，进而服务国家经济社会发展的创新需求。与传统的听和读不同，大学生应该积极主动地探索问题，采用小组讨论、共同学习等方式，参与更广泛的学习活动。研究表明，与被动学习相比，主动学习效率更高，学习过程中的个人体验更佳、学习动机增强、学习能力显著提高。

大学生应该接受多样化的学习模式。大学是研究高深学问、传播先进知识的地方，是一个高度开放和高度自由化的学习场所。大学的教育教学方式不断发生变化，大学生倡导的学习模式也在逐步向项目化、协同化、研究化的多元化模式转变。为了适应大学的学习环境，大学生需要通过项目化的深入学习，理解知识储备和个人素养提升的有机结合过程；通过协同学习，学会合作共赢，培养团队精神；通过研究学习，体验自主研究的成就感，切实感受研究过程中知识的获取和能力的提升。特别是在人工智能时代，新的教育形式逐渐改变了传统学习方式，而“学习”一词的含义在大学里也变得不同。刚刚步入大学校园的大学生应尽快转变观念，适应新的学习模式，更好地体验多元化的大学生活。

勤思考

孔子曰：“君子有九思：视思明，听思聪，色思温，貌思恭，言思忠，事思敬，疑思问，忿思难，见得思义。”意思是君子要在九个方面多用心：看，考虑是否看得清楚；听，考虑是否听得明白；脸色，考虑是否温和；态度，考虑是否庄重恭敬；说话，考虑是否忠诚老实；做事，考虑是否认真谨慎；有疑难，考虑是否应该询问请教别人；发火发怒，考虑是否会产生后患；见到财利，考虑是否合于仁义。

思考，首先是思。要会思辨，要有思想，就需要有见识。人生丰富的见识和阅历，源自不断的阅读和细致的观察。一个不能够博览群书的人，焉能有常规的思辨能力？而思考的“考”这一层次，就有了更高的要求。考乃考问、考察、考虑之意。没有丰富的知识积累和独到见解，又如何考而问之？考而察之？考而虑之？对当代大学生来说，养成良好的独立思考能力，是重中之重。未来的社会工作也对大学生提出了具有独立发现问题和独立解决问题的更高要求。大学生学习的灵魂和特征就是独立思考。对于大学生来说，独立的人格、独立的精神和独立的思维方式都是非常重要的，不可或缺。如果一个大学生的独立思考和自理能力很差，他就根本无法承担历史的重任。一个甘于平庸的人，做任何事都和别人一模一样，走同样的路，做同样的事，他在学习和事业上就不可能独树一帜、开拓创新。

所以，大学生应勤于动脑、敢于质疑和独立思考，注重从不同于他人的角度看待问题，培养发现问题的能力。当遇到问题时，要学会找出问题的根本原因，多问几个“为什么”，然后独立思考和作出判断。还要注重思考过往的理论观点是如何形成的以及如何评价它们。要多多参与研讨争论，所谓的争论可以大到学术界，小到一个班级、一个小组，甚至一个宿舍。在研讨争论过程中，要解放思想、实事求是，充分发挥个人的主观能动性和创造性，切实做到激活思想，创新解决问题的方法。这样，大学生就会感受到学习和生活的丰富多彩，体会到汲取知识力量的快乐。

善实践

在高中，学生已经学习了许多课程。这些课程就像汪洋中的一滴水，而在大海深处，是学生未来将要接触的更广阔、更高深的知识。高中的学习更加注重知识的积累、记忆和应用，从而锻炼和提高应试技能。然而，大学生不再仅仅是“知识容器”，而是通过学习知识来反思问题，从而提高发现和解决专业知识领域问题的能力。在快速发展和不断变化的现代社会中,知识更迭的速度不断加快。由于实践领域的变化,大学所学知识会出现明显的知识半衰期现象。这就要求大学生不仅要读万卷书,而且要在学习、理解的过程中不断实践验证和自我反思,从而走好万里路,以躬身实践的姿态将专业学习融入为经济社会发展的服务中。

大学是一个小社会,步入大学就等于步入半个社会。大学生不再是象牙塔里不能受风吹雨打的花朵,要通过社会实践的磨炼,积累宝贵的人生财富。社会是一所能够全面锻炼人的综合性大学,只有深入社会、了解社会、服务社会,才能使大学生发现自身的不足,为走出校门、进入社会创造良好的条件;才能使大学生学有所用,在服务中成长,并有效地为社会服务,体现自身价值。

“纸上得来终觉浅,绝知此事要躬行。”实践能力是衡量青年一代社会责任感和服务社会能力的重要标尺。大学生要通过参加校园文化活动、承担校内外工作、参加专业实习以及社会实践活动,实现从学习知识到躬身实践的转变。因此,大学生要学以致用、知行合一,要自觉主动地用中国特色社会主义思想武装头脑、指导实践、推动工作,将理论知识运用到实践工作中,在实践中检验真理、在实践中发展真理。

学得文武艺,报得民族志。杨振宁说过:“成功的真正秘诀是兴趣,兴趣是自主学习的先导,是人们探究世界的动力,是最好的老师。对学习有了浓厚的兴趣,遇到挫折困难才能顽强攻克,百折不挠。”且行且努力,且学且成长,永葆青春心,奋斗在路上!

为梦而来，逐梦南极

——记“雪龙”号极地科考船成员李帅*

“跨过三洋五洲，终于归来。”2022年4月26日，李帅作为“雪龙”号极地科考船成员之一，在微信朋友圈报了平安。2021年11月5日，“雪龙”号极地科考船搭载第一批154名队员从上海中国极地考察国内基地码头出发。此次南极考察航行3.3万多海里，为中国第二次“双龙”探极，李帅作为其中一员，前往南极执行科学考察任务。“雪龙”号极地科考船顺利返回国内，标志着中国第38次南极科学考察圆满完成。这已经不是李帅第一次执行南极科考任务了，2018年11月至2019年8月，在研究生导师邱盛尧教授的指导下，他乘坐“龙腾”轮远赴南极执行“南极海洋生物资源开发与利用”调查任务。“作为当代青年，应当在追逐梦想的道路上勇于进取，而赴南极参加科学考察是我从小到大的梦想。”对此，李帅特别感谢烟台大学邱盛尧老师、王虔祖老师，中国水产科学研究院东海水产研究所研究员黄洪亮老师和课题组所有成员一路对自己的支持和关心。作为一名烟大学子，李帅时刻牢记“守信、求

* 李帅，烟台大学海洋学院2017级海洋科学专业研究生，中共党员，目前在中国水产科学研究院东海水产研究所工作，2018年11月至2019年8月、2021年11月至2022年4月两度赴南极海域执行科考任务。在校期间担任海洋学院研究生会副主席，曾获烟台大学硕士研究生优秀学业奖学金、烟台大学优秀研究生等荣誉。本文案例参考《烟大校旗再次飘扬在南极之上！》，崔昱、李帅：《一名烟大在校生的南极科考日记》，作部分修改。

实、好学、力行”的校训，更记得“海纳百川，敢为人先”的烟大精神。他积极参与各项科研任务，不断在学习中提升自己，激发自己学习的原动力和执行力，努力提升科研素养和专业技能。

坚守信仰，临难不避

南极洲地处地球最南端，独特的自然环境为开展科学研究提供了最广阔的天然实验室，但酷寒、烈风与冰雪等恶劣的自然环境也给科学考察带来了巨大的挑战。在作业期间，风浪与冰雪交加，寒冰封海，短时间跨海作业，极昼难眠，都给考察任务带来了很大困难。在如此恶劣的环境下，如何高质量地完成考察任务成为摆在每一位科考队员面前的问题。虽然有详尽的实施方案和具体作业流程，但突发情况依旧难以避免，检查考察装备，调整作业方案成为工作常态。为了完成考察任务，队员们立于汹涌，曝于日光，不顾风雪，搏击冰寒，与日月争辉，与冰雪作战，齐心协力，攻坚克难。作为一名青年党员，李帅深知理想信念的重要性，在南极考察期间，他坚持系统学习党的相关理论，并建立“学习台账”。面对南极恶劣的环境，他是如何坚持下来的？“是信仰让我在困难面前敢于担当，冲锋在前！”李帅感叹道。

恪守使命，责无旁贷

在这次任务中，李帅主要负责南大洋南极磷虾资源调查工作。除了完成原定任务外，他全力参与考察队其他科考任务，积极协助考察站物资补给和直升机地勤保障，主动承担考察队疫情防控工作。南极考察数月，李帅领略了雄壮的冰山，踏上辽阔的冰架，远观群峦覆雪，近看浮冰百态，信天翁成群翱翔于空，鲸鱼游弋跃海而出，企鹅列队行进，海豹静卧浮冰。当看到五星红旗飘扬在我国南极长城站时，李帅心中倍感自豪，深感国之荣光。跨洲掠海，初心不变；身虽在外，使命常在。

为梦而来，逐梦南极

“万里之遥，越洋踏浪，览尽风光，阅尽书山”，李帅写下了《南极记忆》，这是他对南极时光的文字记录，也是留给自己最好的礼物。他在南极经历了成长的淬炼，也如愿看到了星辰大海。追梦的路上，导师的关怀、同窗的扶持、陌生人的善意，他都一一铭记。“深得师之眷顾，师之恩情，当铭记于心。亦幸有亲之同心，同门之励，互助同窗，友之关切，又恰遇帮扶之人，故一切安之，木子深表谢意。”追逐梦想的过程，亦是历练自己的过程。李帅表示，很荣幸两度赴南极执行调查任务，他将继续为祖国极地事业奋力拼搏，争做勇探南极的青年先锋。“感谢我的祖国，万里之外，为我护航！感谢我的母校，烟台大学，开启梦想的地方！感谢育人恩师，教我为人立学！”对于母校的学子他也心有牵挂：“祝福烟大学子，争当有为青年。牢记习近平总书记的嘱托，争当伟大理想的追梦人，争做伟大事业的生力军，让青春在祖国和人民最需要的地方绽放绚丽之花！”

德才兼备，弘毅宽厚

——记上岸北大的学霸倪鹏*

冷静思考，清醒学习，科学规划，高效落实。倪鹏始终将学习放在第一位，认为学习应该是一件终身的事情，无论是对专业知识的学习，还是对其他知识、技能的学习。课余时间，他会通过书本和互联网来提升自己。当然，在参加学生工作、学生活动、培养兴趣的过程中，他也不断汲取新知识，勇于挑战困难。倪鹏坚信专业基础的扎实积累，是为了以一个很好的姿态迎接考研、就业等眼前的挑战，也是为日后成为一名合格的法律人当下必然要做的事情。在考研复习期间，他总是喜欢反复对法律规范存在本身提出质疑，逐步培养了自己对

---

* 倪鹏，中共党员，烟台大学法学院 2017 级本科生。2021 年考取北京大学法律硕士(法学)专业。曾担任烟台大学法学院 171-2 班班长、烟台大学“说言直声”宪法宣讲团团长、烟台大学法学院自律部部长、烟台大学法学院“创客邦”项目部部长、烟台大学法学院辩论社副社长。曾与团队获得第十六届“挑战杯”全国大学生课外学术科技作品竞赛二等奖、2019 年全国大学生模拟法庭大赛优秀奖、2018 年“乡村稼穑情·振兴中国梦”全国农科学子聚力乡村振兴全国大学生暑期社会实践专项行动金奖、2018 年教育部大学生创新创业训练计划国家级立项并结项、2018 年共青团中央“三下乡”国家级重点团队(队长)、2018 年山东省大学生模拟法庭大赛一等奖、2018 年山东省优秀志愿服务队(队长)、2018 年烟台大学“三下乡”优秀社会实践团队二等奖等荣誉，并获得 2018 年“三下乡”山东省社会实践优秀个人、2018 年烟台大学优秀共青团干部、2019 年烟台大学优秀共青团干部等个人奖项。本文案例参考《无奋斗，不青春/文质彬彬，弘毅宽厚》，作部分修改。

于法律规范作出解释与评价的能力，最终加深了对自己所学的实证法规定的理解。2021年，倪鹏考取北京大学法律硕士(法学)专业研究生，这是对他拼搏、勤勉与百折不挠的完美诠释。他始终保持一颗对浩如烟海的法学世界的敬畏之心，同时也不妄自菲薄，通过一步步扎实的努力，向着成为一名合格法律人的目标稳步前行。

坚定热爱，踏实努力，探索实践，服务社会。倪鹏和他的团队曾用20多天的时间到农村去研究“三权分置背景下农村土地经营权入股”课题，并荣获“暑期社会实践优秀团队”奖项，他也曾带领队伍获得“山东省优秀志愿服务队”的荣誉。他说，无论在生活还是学习中，我们都需要踏实和努力，踏实做好每一件事并且付诸自己的努力，这样我们才能离自己的目标更近一步。他感慨道：“从繁华都市到寂静乡村，我们感受着这片土地最深沉的呼吸，也践行着青年人最澎湃的誓言。”倪鹏在实践中学习，在探索中思考，在服务中收获，用青春与汗水谱写青春美好华章。

开诚布公，无私奉献。倪鹏在担任班长期间勤勤恳恳，甘于奉献，这种奉献是有质量的奉献。他说，作为班长，要与同学们坦诚相待，给予同学们关心与帮助，从而与他们建立信任关系。倪鹏在工作中能够尽自己最大的努力去为那些遇到困难的同学解决问题，让同学们能够从集体中受益，这就是倪鹏在担任学生干部时自我价值的实现。

妙语连珠，辩才无阂。作为法学院辩论社副社长，倪鹏曾多次参加各种模拟法庭与辩论比赛，硕果累累。对于倪鹏而言，辩论不仅锻炼了口才，还激励他不断地思考，并且在积累知识的同时也开阔了眼界，从而拥有一个放眼世界的大格局。

在准备辩论的过程中，倪鹏学会了尊重对手，也培养了“少做价值判断，多做事实分析”的理性思维，使他能在生活中讲清道理，明确自己的主张，这种眼界与格局的改变是辩论给予他的最大帮助。

无冥冥之志者，无昭昭之明；无惛惛之事者，无赫赫之功。面对生活，面对挑战，倪鹏的意志是坚定的。大学时光倏忽即逝，倪鹏十分珍惜这流失于指缝中的点滴岁月，相信他在最美的年华里能够取得最辉煌的成果。

第五章

团结协作

众人拾柴火焰高，凝心聚力同发展

中国取得的令世人瞩目的发展成就，更是全国各族人民同心同德、同心同向努力的结果。中国人民从亲身经历中深刻认识到，团结就是力量，团结才能前进，一个四分五裂的国家不可能发展进步。

——2018年3月20日，习近平在第十三届全国人民代表大会第一次会议上的讲话

团结是铁，团结是钢，团结就是力量。团结是中国人民和中华民族战胜前进道路上一切风险挑战、不断从胜利走向新的胜利的重要保证。

——2019年9月30日，习近平在庆祝中华人民共和国成立70周年招待会上的讲话

力量生于团结，幸福源自奋斗。团结奋斗，这是一百年来中国共产党人、中国人民、中华民族锤炼铸就的宝贵精神品质。

——2021年12月31日，习近平在全国政协新年茶话会上的讲话

一百年来，党和人民取得的一切成就都是团结奋斗的结果，团结奋斗是中国共产党和中国人民最显著的精神标识。百年奋斗历史告诉我们，团结就是力量，奋斗开创未来；能团结奋斗的民族才有前途，能团结奋斗的政党才能立于不败之地。

——2022年1月30日，习近平在二〇二二年春节团拜会上的讲话

曾有人向哲学家发问:一滴水怎样才不会干?哲学家回答说:把它放到大海里。这句简短的话揭示出一个深刻的道理:个人离不开集体,只有团结互助的集体才会有无穷的力量,如果没有团结,即使再强大的力量也会枯竭。

单独一根木头,用途或许不大,可是如果有一大堆木头,就可以做出很多东西。"人心齐,泰山移",短短几字却概括了团结起来力量大的道理。团结一直是中华民族一以贯之的文化基因。从抗疫中的"一方有难,八方支援",从北斗建设中的"比铁还硬,比钢还强",从扶贫攻坚中的"一个都不能少",到助力全球抗疫中的"风雨同舟,携手同行",无不深刻体现着这种民族品格。而当代大学生肩负着国家的希望、民族的未来,更应不断增强团结合作意识,为以后建设祖国做好准备。

上下同欲者胜,风雨同舟者兴。一个人的力量远比不上众人之力,全面发展的高素质人才一定会注重团队意识的培养。团队合作就是朝着大家共同的目标前进,在前进的过程中,相互扶持、彼此鼓励、加油打气,在困难之中你帮我扶就是团结合作的重要体现。一人之力轻,万人之力强,亿万人之力不可量。一支团结的队伍能够发挥出巨大的能量,要把每一位成员的优势结合在一起,为了大家共同的利益前进,如此个体就会推动集体向前发展。团队协作是青年大学生在校园之中就应该注重培养的精神,当代青年学子应该严于律己,从自身做起,积极培育团结精神。

一是培养团结互助的优良品格。高校是象牙塔,但同时也是一个小型的社会,大学生在高校学习生活的过程中免不了与人打交道,因此在人际交往当中应该要积极发扬团结精神。在大学这个小型的社会中，互助团结精神的养成不仅有助于在学校的生活成长，而且对自身的学习发展有着极大的帮助。这是因为两者之间存在一种直接的必然联系，大学生活是一种群体生活，每个人都不可能脱离集体而独立存在，大学生的生活与学习直接受到群体中他人的影响。所以，在大学期间要注重互帮互助精神的培养，团结友善、和睦相处才是为人之道。同时，新时代大学生的团结互助不仅仅是要在学校中团结同学，更是在走出学校后将团结精神实践于社会，服务于他人，如积极参加各项公益活动，团队合作参加比赛，参加社会活动，等等。

二是要锻炼勠力同心的协作精神。大学生在学校的目的并不仅仅是学习科学文化知识，而是在为真正走入社会而做准备。因此，青年学子应当注重团结精神的培养，注重在与人交往过程中形成团结友爱的氛围，要有合作的意识，应该在学校活动当中发挥自己的特长，积极加入团队，进行团队合作。同时，团结互助要求大学生要有集体主义精神，要将集体的利益看得比个人利益更重要，要有为他人服务的意识，要提高心理素质，做全面发展的好青年。此外，团结精神的培育并非简单的口头传授，这种抽象化的概念学生虽然能够理解，但是其最终目的还是参加社会实践。学校组织的各种团体活动就是为大学生提供团结合作的机会，大学生应该在团队合作实践中不断树立合作意识，提高自身素质，这样不仅能在社会活动的参与过程中获得快乐，也能培养一种团队精神。形式多样、丰富多彩的社会实践是大学生团队精神培养的载体，青年学子们可利用空余时间多多参与不同类型的社会实践，接触不同的人和事，不断武装自己，从而增强自己各方面的能力。

三是要怀揣坚定不移的伟大梦想。大学生应该发扬伟大梦想精神，树立远大理想，确立远大目标，只有在追梦的路上坚定信念，才能在自我发展的同时促进社会和国家的发展。大学生应当永不停下追梦的脚步，不论是在当下的在校专业知识学习中，还是在未来的事业工作中，都应当坚持不懈，始终为了梦想奋斗，不忘初心，砥砺前行。青年作为国家未来发展的领航人，是民族的希望，肩负着建设国家的重任。大学生群体朝气蓬勃、胸怀家国情怀，应当积极主动担负起自己的社会责任，为民族复兴、国家富强贡献自己的力量。

歌德曾经说过："只要有了凝聚力，没有什么是人类做不到的。"聚树成林，聚滴成河，积跬步成千里，积小流成江海，聚积个人力量于集体，团结方可铸造奇迹！团结，是延绵千年的精神，铸造着种种成功与奇迹！团结，是亘古不变的真理，推动着历史向前发展！正是这种团结的力量，使中国能够始终屹立于世界民族之林！中华儿女团结一心，秉承着"一方有难，八方支援"的信念，这种信念，这种团结，在汶川地震发生后温家宝总理写下"多难兴邦"的那一刻得到了淋漓尽致的展现。为了国家的未来，为了人生的精彩，让我们共同迸发出团结的力量吧！让团结之心伴随我们，让团结之情慰藉我们，让团结之能推进我们，让团结之力帮助我们，让我们携手并进，为实现中华民族伟大复兴的中国梦而共同奋斗。

功不唐捐，玉汝于成

——记烟大冰球队*

2022 年 3 月 14 日，“战马杯”第三届全国大学生冰球联赛(总决赛)阳光组赛场上传来喜讯，烟台大学冰球队 2∶0 战胜哈尔滨学院冰球队，以三战两胜一负的成绩，夺得阳光组冠军。其中，烟台大学冰球队队长朱高飞“梅开二度”，获“全场最佳球员”称号，杨睿博获“最佳守门员”称号，王志洪教练获“全场最佳教练”称号。

烟台大学冰球队教练王志洪在现场见证了振奋人心的夺冠时刻，他激动地说：“这个奖杯意义太过重大，烟台大学冰球队终于站在了冠军领奖台上。为了这次比赛，队员们“拼”字当头、认真备战，准备了半年多时间，没有一个人喊苦喊累，更没有一个人想过放弃，每一次突破都见证了他们对冰球运动的热爱，每一次进步都彰显了他们对冰雪梦的坚守与追求。”

“决赛很有压力，哈尔滨学院队冰上训练条件好，冰上训练次数多，常规赛中我们曾 1∶3 输给他们。”决赛分三局，每场中间休息 15 分钟。第一局比赛中，双方球员拼尽全力，体

---

* 烟台大学冰球队组建于 2019 年，是山东高校第一支大学生冰球队。现有队员近 40 人，主要由体育学院爱好轮滑与冰球运动的非专业学生组成。自冰球队成立以来，先后夺得第一届全国大学生冰球锦标赛第 4 名和第二届全国大学生冰球锦标赛第 5 名。本文案例参考高珊：《烟大冰球队复训啦？一起走近这支全国总冠军队伍背后的故事！》《燃！烟台大学冰球队勇夺全国总冠军！》，作部分修改。

力消耗非常大，但比分依旧是0∶0。第二局，烟台大学队防守严密，没给哈尔滨学院队任何得分机会，队友传球，朱高飞带球加速隔人射门，间隔不到2分钟，朱高飞通过自身积极进攻破门，将比分改写为2∶0。第三局，烟台大学队保持了比分，最终完胜。

复盘比赛，王志洪表示，进入决赛的每支队伍都很强，比赛虽存在运气，但也是团队努力的结果。"冰上运动，瞬息万变。国际赛场上，几秒钟进一个球的情况也时有发生。虽然决赛中暂时领先，但不到最后一分钟，不出结果，心始终都是悬着的。"

独中两元的队长朱高飞在赛后也激动地说："捧起冠军奖杯的那一刻，我们真的有种燃烧的感觉！由衷地为烟台大学和冰球队队友感到自豪！"他表示，所有队员都是入学后才开始接触冰球这项运动的，从一开始的新鲜、好奇，到现在的执着、热爱，冰球现在已经成为他们生命的一部分。

他回忆道："冰球是冰上相互对抗的集体性竞技类运动，挑战的就是速度和团队配合。没有冰上训练的条件，所以采用轮滑球的方式进行练习。烟台大学拥有一个陆地轮滑球场地，方便队员备战训练，轮滑练习是有助于冰球比赛的。学校在选拔冰上运动员时，也会从优秀的轮滑球运动员中挑选。即使是运动员出身，开始转型冰球项目，也不是一件容易的事。专业的冰球运动员在冰上行进，脚步是轻盈的，而半路出家的我们，步伐就很沉重。"朱高飞清晰地记得第一次上冰，站都站不住，摔倒在冰上，把脸给蹭破了。因为冰刀非常细，带有冰刀的鞋可以在光滑的冰面上快速滑行，越细，保持平衡就越难；越难，就越想去征服。

从2019年山东省首届学校轮滑赛到现在的第三届全国大学生冰球联赛（总决赛），三年的时间，通过一次次比赛，在队友们朝夕相处的过程中，团队的凝聚力也逐渐增强。在2021年举行的第三届全国大学生冰球联赛（常规赛）中，烟台大学冰球队战胜了上届冠军黑河学院队，进入全国前三。

“冠军的取得离不开团队的紧密配合，更离不开教练的悉心指导和学校的大力支持。”队员李向南表示希望有更多人能够加入进来，让冰球运动得以推广，成为更多人的爱好。

近年来，烟台大学坚持德智体美劳“五育并举”的人才培养理念，提出“无体育不烟大”的口号，大力改善体育场馆设施，广泛开展阳光体育运动。同时，烟台大学积极响应国家“三亿人上冰雪”的号召，于2019年3月修建轮滑冰球场，大力推动冰雪运动进校园，并于同年6月成立冰球队，采取“轮转冰”的方式，吸引了一大批学生爱好者加入，点燃了他们心中对冰雪运动的熊熊火苗。

冰球队队员每天下午都会在校内轮滑冰球场训练，并固定每周三在校外冰球场进行训练，训练项目包括滑行技术、击球练习、战术训练等。正是源于这份热爱与坚持，烟台大学冰球队终于站上全国大学生冰球比赛的最高领奖台，为学校赢得荣誉，也为冰雪运动的推广作出了自己的贡献。

勠力同心，笃行致远

——记烟大代表队晋级 ICC 英文赛全球总决赛*

2021 年 4 月 9 日，中国政法大学主办的第八届国际刑事法院模拟法庭竞赛（International Criminal Court Moot Court Competition，简称 ICC）中国选拔赛（英文）落下帷幕，由 5 名法学院本科生组成的烟台大学代表队在全国近 50 所知名法学院校代表队中脱颖而出，获全国总冠军奖，并与北京大学等 4 所高校代表队一道，共同晋级荷兰海牙国际刑事法院于 6 月组织举办的全球总决赛。

高强度的赛事备战和高难度的竞争挑战，让此次参赛的烟台大学法学院张林洁、张紫萱、徐蕊蕊、聂妍、朱元睿 5 名本科生感觉收获满满。“全英文的比赛案例、全英文的文献资料、全英文的文书写作、全英文的法律论证，不仅对我们的法律英语能力是一个挑战，对我们的国际法律素养而言也是一个重大挑战，但我们通过刻苦的努力和团队的配合不仅战胜了挑战，而且获得了全国总冠军并晋级全球总决赛，这真是来到烟大后收到的最宝贵的一份礼物！”已是第二次参加该赛事的 2018 级本科生聂妍在得知比赛结果后难掩兴奋与激动。

---

* 本文案例参考亓健生：《号外！烟大五朵金花勇夺 ICC 全国总冠军并晋级全球总决赛》，作部分修改。

各尽所能，所向披靡

聂妍简单介绍了一下本次的比赛："本次的比赛主题是疫情背景下的危害人类罪。"她们分工明确，两位研究员、三位庭辩员各司其职，但又相互配合、相互沟通。朱元睿说："我们团队中，有英语阅读能力很强的，有逻辑思维能力很强的，有检索能力很强的，每个人都各有擅长之处，并且大家都不计较个人得失，配合得非常好。"

当谈及团队最大的优势时，张林洁说："团结是我们取胜的关键。这是一个团体赛，我们的沟通与默契度都是占了很大优势的。"本次比赛，学院老师们也给予了她们非常大的信任与帮助。张紫萱说："老师们还特意为我们安排了一个备赛训练室，并且经常来慰问、指导我们，他们便是我们强大的后盾。"明确的分工、默契的配合、老师们的帮助……都在促进她们的团队日益变好、变强，使她们成功战胜了挑战，获得了全国总冠军并晋级全球总决赛。

披荆斩棘，风雨同舟

全英文的材料、全新的法律体系、高难度赛题……这一个又一个困难都没能阻挡她们前进的脚步。在进行赛题研究时也曾出现对法条理解错误、搭错逻辑框架等问题，这时她们都要"全部推翻重来"。徐蕊蕊说："一月底要提交赛题，我们要兼顾专业课学习，还要进行最后的赛题准备，后期发现开始的一些想法有问题，还得推翻重写。"

一次次推翻错误的想法，一遍一遍搭建法律框架，但她们没有放弃，彼此相互扶持，携手同行。张林洁说："我们 5 个人从不认识到彼此熟悉再到并肩作战，成为好朋友，这段友谊真的很珍贵。”一起熬夜备战、雪天相互搀扶、瓶颈时相互鼓励，这一路上，她们一直相互陪伴，齐心协力，最终守得云开见月明。

尽力而为，无愧于心

谈及这次比赛获奖的感受，张紫萱说：“更多的是惊讶和意外。”她解释道：“起初，我们并不是抱着一定要获奖的信念参赛的，只是尽力而为，做到无愧于心。出成绩的那天，我们还在按部就班地进行纳新的准备工作，看到成绩的瞬间脑子都是空白的，反应过来之后我们几个马上拥抱对方，开始欢呼。”对下一场全球 ICC 总决赛，张林洁说：“虽然我们会遇到更优秀的对手，他们生活中就以英语为母语，对国际法也比我们更了解，但我们仍然会全力备战。”

在法庭上所向披靡的她们，生活中也是喜欢美食、享受点滴的小女生。工作之余，她们常常一起散步、品尝美食，生活中的烦恼就在这种小美好中渐渐消失。永远乐观，永远热爱美好，不畏惧前路的困难，也不在意曾遇到的挫折。5 个女孩始终保持赤子之心，相约共同闯天涯！

第六章

创新能力

创新+创业，做出彩大学生

谁牵住了科技创新这个牛鼻子，谁走好了科技创新这步先手棋，谁就能占领先机、赢得优势。

——2014 年 5 月 24 日，习近平在上海考察调研时的讲话

“志之所趋，无远弗届，穷山距海，不能限也。”对想做爱做的事要敢试敢为，努力从无到有、从小到大，把理想变为现实。要敢于做先锋，而不做过客、当看客，让创新成为青春远航的动力，让创业成为青春搏击的能量，让青春年华在为国家、为人民的奉献中焕发出绚丽光彩。

——2016 年 4 月 26 日，习近平在知识分子、劳动模范、青年代表座谈会上的讲话

实践没有止境，理论创新也没有止境。世界每时每刻都在发生变化，中国也每时每刻都在发生变化，我们必须在理论上跟上时代，不断认识规律，不断推进理论创新、实践创新、制度创新、文化创新以及其他各方面创新。

——2017 年 10 月 18 日，习近平在中国共产党第十九次全国代表大会上的讲话

创新从来都是九死一生，但我们必须有“亦余心之所善兮，虽九死其犹未悔”的豪情。

创新决胜未来，改革关乎国运。

——2018 年 5 月 28 日，习近平在中国科学院第十九次院

士大会、中国工程院第十四次院士大会上的讲话

科技创新特别是原始创新要有创造性思辨的能力、严格求证的方法，不迷信学术权威，不盲从既有学说，敢于大胆质疑，认真实证，不断试验。

——2020 年 9 月 11 日，习近平在科学家座谈会上的讲话

抓创新不问“出身”，只要能为国家作出贡献，国家就会全力支持。

——2021 年 3 月 24 日，习近平在福建福州考察调研时的讲话

什么是创新？创新是以现有的思维模式提出有别于常规或常人思路的见解为导向，利用现有的知识和物质，在特定的环境中，本着理想化需要或为满足社会需求，改进或创造新的事物、方法、元素、路径、环境，并能够获得一定有益效果的行为。对创新精神的认知，也就是从思维领域对人作出指导，进而让人们可以从自我认知中对问题进行更加客观、全面的分析，通过人的自身能动性来打破思维的僵化，运用更加开放的思想、接纳性思维以及批判性精神来激发对新知识的探索欲与实践意识。什么是创业？创业＝人才＋资金＋商业模式。创新是一个民族进步的灵魂，是一个国家兴旺发达的不竭动力。在激烈的国际竞争中，唯创新者进，唯创新者强，唯创新者胜。综观中国，只有把创新发展置于我国发展全局的核心位置，才能促进国家长治久安、民族永续发展。现代国家竞争，主要是综合国力的竞争，根本是创新能力的竞争。创新兴则国家兴，创新强则国家强，创新久则国家持续强盛。近 500

年来，世界经济中心几度迁移，但科技创新这个主轴一直在旋转、在发力，支撑着经济发展，引导着社会走向。

创新发展是全民参与、全民推动的宏伟事业。崇尚创新，国家才有光明前景，社会才能充满活力。弘扬创新文化，须倡导敢为人先、勇于冒尖的创新精神，使创新成为全社会的一种价值导向、一种思维方式、一种生活习惯。目前，"大众创业，万众创新"是国家所提倡的。为了能够更好地顺应时代发展，更好地融入社会，当代大学生必须注重培养自身的创新精神与实践能力，创新创业的意识和创业活动对于个人、民族乃至国家的发展都有着重大意义。

大学生创新是实现我国科技强国战略目标的重要途径。大学生是社会主义现代化建设中的重要力量，是国家发展的新鲜血液，作为国家未来建设的接班人，其是否具备创新精神与实践能力，直接关系国家发展的速度与强度。为了能够更好地适应社会发展中岗位的需要，更好地满足我国国家发展对创新人才的需求，必须重视大学生创新精神、创新能力的培养，这也是我国实施科教兴国战略对高等院校教育工作的基本要求。

大学生创新精神是提升个人竞争力、解决就业问题的重要方面。面对日趋严峻的就业形势，大学生培养创新创业观念显得尤为重要。大学生人数逐年递增，对于社会来说，大学生不再是稀有的人群；与此同时，由于商品经济的飞速发展，就业形势日趋严峻，就业压力越来越大。大学生毕业后的择业成为人们关注的重点，创新能力与综合素质成为企业选择人才的两个标准。如何提高自身竞争力，适应经济社会的需求，是大学生需要关注的。培养开拓与创新的精神，能够让大学生在当前激烈的社会竞争中脱颖而出。高校毕业生不仅是求职者、就职者，而且是工作岗位的创造者；不仅要解决个人就业问题，而且要带动一批人就业；不仅是找了一份工作，而且开启了一项事业，从而推动社会的进步和发展，为国家的发展提供不竭的动力。

如何提高自身的创新和创业能力呢？

首先，要努力学习专业知识，提升自己的专业素养。只有拥有过硬的专业知识，才能有所保障。

其次，要培养创新思维。要有好奇心，正像爱因斯坦说的："我没有特别的天赋，只有强烈的好奇心。"能提出问题，说明在思考问题。要有求异的观念，创新不是简单的模仿，不要人云亦云，要从多个角度思考，要有追求创新的欲望。在创新创业的过程中，一定会遇到各种各样的困难。这就要求我们具有坚韧不拔的精神，持之以恒、不怕吃苦的品质等；拥有过硬的心里素质，遇事沉着冷静。

再次，要积极参加实践活动。一是利用科学研究培训。充分利用大学的实验室和科学研究资源，在老师的帮助下进行科学研究培训，深化自己对前沿科学的理解并提高实验能力。二是提升素质水平。参加一些创新创业的比赛，提高创新能力团队合作能力；参加一些学生组织，培养自己的领导能力和决策能力等；参加读书会，读一些专业之外的书籍，以扩大知识面；积极参加艺术和体育活动，参加辩论赛或演讲比赛，锻炼自己的口才；培养人文爱好，如绘画、摄影等。三是参与实习培训。积极参加校内外实习活动，锻炼专业技能，了解实际情况，积累工作经验，充实社会资源，为创新创业奠定基础。

最后，要制订完备的创业计划。在实际活动中充分了解自己的优点和缺点以及兴趣与爱好，结合自身的实际情况和能力优势，选择与创新创业有关的方向。确定方向后，了解有关方向的理论知识，并深入研究相关方向的实践。合理地安排课内和课外学习时间，在项目中学习，并在学习中取得进展。一定要在前期做好充分的准备，进行充分的市场调研，了解市场的需求和定位，准确把握经济市场。在自主创业的时候，也要充分了解国家的政策，了解有哪些优惠政策与针对大学生创业的扶持政策等，好好利用启动资金。

创出新风范，造就新精彩。大学生是新时代的弄潮儿，是时代的新鲜血液，相信大家能够在新时代翻滚出属于自己的浪花！

付诸实践，开拓创新

——记烟大“挑战杯”特等奖团队*

2022年4月12日，由共青团中央、中国科协、教育部、中国社会科学院、全国学联、四川省人民政府共同主办的第17届“挑战杯”全国大学生课外学术科技作品竞赛终审决赛在线上落下帷幕。烟台大学入围国赛的所有作品全部获奖，其中特等奖1项、二等奖2项、三等奖1项，另有5项作品荣获“红色专项赛”“黑科技专项赛”国赛专项奖，并实现了特等奖的重大突破。

“得知我们是国赛特等奖时，感觉像是在做梦！”日前，来自烟台大学经济管理学院的作品《小店虽小，风景甚好——“双循环”战略背景下的小店经济“微循环”活力研究》斩获第17届“挑战杯”全国大学生课外学术科技作品竞赛终审决赛特等奖，创造了烟大学子参加“挑战杯”全国竞赛的历史最好成绩。“挑战杯”全国大学生课外学术科技作品竞赛是全国大学生三大综合性赛事之一，被誉为当代大学生科技创新的“奥林匹克”盛会。在本届“挑战杯”赛事中，共有来自全国264所高校的1500余件作品参加终审答辩，评审委员会评出特等奖作品49件，山东高校只有3件作品获此殊荣。该项目队长、经济管理学院学生高帅看到成绩的那一刻激动地说：“我们书写了烟大‘挑战杯’的历史！”

---

* 本文原文收录高珊：《无挑战　不青春！烟台大学“挑战杯”全国特等奖是怎样炼成的？》。

“学长、学姐在交流会上跟我们分享过，用‘老项目’参赛会更有经验、有成果、有积累；从零开始更具挑战性，可以组建新的团队，开拓新的课题。”获得国赛特等奖的团队成员、经济管理学院学生赵菲说。在烟台大学，学生之间会经常举办科创交流会，分享参赛经验，碰撞思想火花，同学们主动参赛、探索科创乐趣，使得科创氛围日趋浓厚。而国赛特等奖作品《小店虽小，风景甚好——“双循环”战略背景下的小店经济“微循环”活力研究》就是同学们“头脑风暴”的产物。

疫情之下，国家提出“地摊经济、小店经济是就业岗位的重要来源，是人间的烟火，和‘高大上’一样，是中国的生机”。同学们立即抓住了这个“热点”，一致通过了探索“小店经济”这个主题。2020 年 7 月组队后，他们正式开启了“小店调研之旅”。500 多个日夜、走访 26 座城市、调研 325 家小店、调研总人数达 967 人、有效问卷 823 份、3.2 万字的访谈记录……直到 2022 年，历经了近两年的假期调研，团队分析总结出影响小店经济的因素和指标，构建起小店经济活力评价体系。至此，他们已经为第 17 届“挑战杯”全国大学生课外学术科技作品竞赛做好了最充足的准备。

如果说学生的努力是“向上生长”，那么老师的指导就是“向下扎根”。本科生刚刚踏上科研的道路，学术理论体系尚未健全，知识储备相对不足，还需要老师的引导和培育。“你不试怎么知道能不能行？你不拼怎么知道能不能赢？试一试才知道能不能行，拼一拼才知道能不能赢。”当谈及“挑战杯”竞赛指导经验时，第 17 届“挑战杯”全国大学生课外学术科技作品竞赛特等奖和二等奖作品的第一指导教师、经济管理学院崔占峰教授如是说。

近年来，烟台大学在“互联网+”“挑战杯”等比赛中获国家级奖项24项，在2017～2021年第6轮全国大学生学科竞赛排行榜上列第128位，较2017年第1轮发布以来上升了127位，其中2021年全校共获国家级奖项210项，列全国第100位、山东省属高校第7位……获奖团队屡创新高、排名不断提升、师生热情日渐高涨，这背后离不开学校强化大学生科创的顶层设计，不断完善统筹联动机制和支持保障机制。

以项目为推动，以平台为策动。学校构建起以“互联网+”“挑战杯”两项综合赛事为龙头，N项专业赛事为中坚，N项“大创”、实验室开放和科技创新基金项目为基础的“2NN”科创育人体系，实现科创育人抓手品牌化。同时，校内创新创业资源不断整合，创新创业学院、大学生创业园、60多个创新创业实践平台……一个一个“梦工厂”，为同学们优质科创项目的“诞生”“孵化”多形式“输血”，精心呵护大学生创新创业的种子，助其落地生根、发芽开花。

为了加强指导教师队伍建设，学校不断引进并培育“双师型”“实践创新”人才，聘请了一些创新创业经验丰富的企业家、校友授课并担任指导教师，并为他们提供培训平台，使学校创新创业优秀导师人才库逐渐壮大。

此外，针对学生培养，学校还创建了分层递进的创新创业教育体系，将创新创业教育融入人才培养全过程。同学们可以跨学科、跨专业修读课程，还能享受校企共建课程。如果在学科竞赛、发明创造中取得了优异的成绩，还可以获得相应学分抵顶专业任选课和全校通选课。针对热衷于创新创业的同学，学校推行了弹性学制，设立专门的奖学金和奖励机制，种种举措极大地激发了同学们参与科创的积极性。

以青春之我守护最美夕阳红

——记"数字反哺"智慧助老主题志愿服务项目*

2022 年 5 月 11 日，中央宣传部、中央文明办等部门和单位公布了 2021 年度全国学雷锋志愿服务"四个 100"先进典型名单，烟台大学"数字反哺"智慧助老主题志愿服务项目获评"最佳志愿服务项目"。山东省共有 14 个先进典型入选（包括 5 个志愿服务项目），烟台大学是省内唯一入选的高校。

自 2018 年 9 月以来，烟台大学"及人之老"志愿服务队开展的"数字反哺"智慧助老主题志愿服务项目立足烟台，辐射鲁东、鲁中、鲁南等多地，以方便中老年人日常生活为主线，以智能手机、智能家居设备为工具，为更多初次尝试使用智能设备的中老年人提供学习的平台和机会，引领更多青年人关注、关心、关爱家庭中中老年人的数字生活困难，参与项目的注册志愿者累计 5000 余人。

该项目始终秉持"老吾老以及人之老"的团队宗旨，构建"智慧课堂、场景助老、网络服务"三位一体的服务模式，通过"线上＋线下"开展多渠道、全场景的服务。拓展"1＋2＋3＋3"推广形式，即以青年志愿者为核心，把志愿服务活动和社会实践活动两个载体相结合，在社区乡村服务点、老年大学和重点公共场所三方试点，开展专项调研、智慧课堂、场景助老活动。

* 本文原文收录王雪峰、孙欢、张涵：《喜报！烟台大学志愿服务项目入选全国学雷锋志愿服务"四个 100"先进典型！》。

在山东淄博、烟台、聊城、临沂等地市开展数百场微课堂讲座，录制视频微课数10节，制作智能手机操作说明书49页；在山东聊城、菏泽等16个地市，天津、连云港等14个城市举办助老活动近400场。共发动学生志愿者参与9000余人次，服务对象5万余人次，产生了较好的社会效益与引领带动作用，更为助力烟台市创建文明城市，打造智慧城市、老年友好型城市贡献了青春力量。项目团队在实践中探索形成的创新性做法主要体现在以下五个方面。

微课"教"学

智慧助老行动依托社区党群服务中心、新时代文明实践站等场地组织开展集中教学培训，利用投影、互联网电视等，采取现场演示、实例教学、动画指南、志愿者"一对一"教学等直观易懂的形式，普及智能手机的主要功能和基础知识，确保中老年人都能学得会、用得好。智能手机操作微课堂在数个街道、镇下的几十个社区、村居累计开展微课堂讲座200余场，直接参与课堂的居民近千人次，辐射带动身边居民数千人。

上门"送"学

智慧助老行动根据中老年群体的实际情况，特别是身体不便或时间不方便的中老年人，让志愿者走进网格、走门入户，为有需要的中老年人送学上门，"面对面"讲、"手把手"教，把手机应用知识送到家。累计上门数十次，一对一为居民解决实际问题百余个。

线上“帮”学

智慧助老行动充分发挥大学生志愿者的力量，在集中培训学习的基础上，留下队员个人手机号结对帮扶，建立课程学习微信群，帮助中老年人克服学习困难，掌握基本操作技能。录制视频微课40余节，在抖音、微博、微信视频号、优酷等多个平台发布，累计播放量超过5万，供有需要的中老年人学习。

广场“驻”学

智慧助老行动依托新时代文明实践广场、社区外广场，开设智能手机应用咨询服务点，随来随学、随问随教，帮助中老年人及时解决日常手机使用中遇到的问题，为其提供咨询服务。利用中老年人外出散步的时间，将“手机课堂”融入日常。

场景“易”学

项目针对中老年群体在日常就医、文娱消费、交通出行等诸多领域遇到的困难，在烟台市滨州医学院附属医院、毓璜顶医院等医疗机构，烟台火车站、烟台南站等交通枢纽，农业银行、政务中心等需要使用智能手机或联网操作设备的公共场所、应用场景设立智能助老服务志愿岗，专岗专人为中老年群体解决无人挂号、自助取票核验等相关操作问题。

“数字反哺”项目切实从群众利益出发，想群众之所想，急群众之所急，为群众办实事，依托新一代信息技术和人工智能大数据等前沿科技的强大力量与发展潜力，联络医院、卫健委、民政局等单位，提高和扩大志愿服务的专业化程度与覆盖面。现已基本形成全时段、多省市、可持续的新型志愿服务团队，有关宣传报道在人民网、中国青年网、大众网等网站浏览量累计50余万次，主流媒体转发量500余次，活动相关视频和信息也登上抖音、微博等平台的地区热搜榜榜首，项目活动视频入选第三届山东省思政短视频大赛。此外，项目团队已发表2篇相关社科类调研报告，与聊城市盛世千岛颐养中心等十几家企事业单位签订社会实践基地与志愿服务基地协议。

该项目获评共青团中央"金晖行动——智慧助老"志愿服务示范项目、全国大中专学生志愿者暑期"三下乡"社会实践活动优秀团队、"数字中国"创新大赛数字城市设计"百景新锐"奖、山东省数据应用创新创业大赛二等奖、山东省青年志愿服务先进集体、山东省青少年模拟政协提案征集活动优秀提案奖，并被收入省政协十二届五次会议《民声连线听民声》。项目负责人郭嘉程先后获评山东省青年志愿服务先进个人、山东省大学生"青春贡献奖"、烟台市最美志愿者、烟台大学"青春榜样"等荣誉称号，并受团中央邀请参加全国第六届"志交会"社区志愿服务交流会作项目分享报告。另据中国科技网报道，"数字反哺"智慧助老主题志愿服务项目入选中国人民大学智慧养老研究所发布的"2021年智慧医养十件大事"。

第七章

服务奉献

弘扬雷锋精神，奉献绽放风采

要倡导社会文明新风，带头学雷锋，积极参加志愿服务，主动承担社会责任，热诚关爱他人，多做扶贫济困、扶弱助残的实事好事，以实际行动促进社会进步。

——2013 年 5 月 4 日，习近平同各界优秀青年代表座谈时的讲话

雷锋精神，人人可学；奉献爱心，处处可为。积小善为大善，善莫大焉。当有人需要帮助时，大家搭把手、出份力，社会将变得更加美好。我国工人阶级应该为全社会学雷锋、树新风作出榜样，让学习雷锋精神在祖国大地蔚然成风。希望你们努力践行社会主义核心价值观，积极向上向善，从“赠人玫瑰、手有余香”中感受善的力量，以实际行动书写新时代的雷锋故事，为实现中国梦有一分热发一分光。

——2014 年 3 月 4 日，习近平给“郭明义爱心团队”的回信

我们既要学习雷锋的精神，也要学习雷锋的做法，把崇高理想信念和道德品质追求转化为具体行动，体现在平凡的工作生活中，作出自己应有的贡献，把雷锋精神代代传承下去。

——2018 年 9 月 28 日，习近平在辽宁省抚顺市向雷锋墓敬献花篮并参观雷锋纪念馆时的讲话

志愿服务是社会文明进步的重要标志，是广大志愿者奉

献爱心的重要渠道。要为志愿服务搭建更多平台，更好发挥志愿服务在社会治理中的积极作用。

——2019 年 1 月 17 日，习近平在天津考察时的讲话

希望广大志愿者、志愿服务组织、志愿服务工作者立足新时代、展现新作为，弘扬奉献、友爱、互助、进步的志愿精神，继续以实际行动书写新时代的雷锋故事。

——2019 年 7 月 23 日，习近平致中国志愿服务联合会第二届会员代表大会的贺信

雷锋说过："人的生命是有限的，可是，为人民服务是无限的，我要把有限的生命，投入到无限的为人民服务之中去……"回首峥嵘岁月，在实现中华民族伟大复兴的征途上，事不避难、义不逃责的决心和以身许国、无私奉献的行动，支撑我们向着一个又一个目标勇毅前行。正是各行各业千千万万名奋斗者，勇于担当、甘于奉献，聚涓滴之力，护山河无恙，我们的国家才能傲然屹立于世界之林。

"赠人玫瑰，手有余香"，有奉献就会有回报。芳香，将之升华便是一种责任。它要求人们在危难之际能助人力挽狂澜，在安和之时能助人为乐，这才是奉献的真谛。歌德曾说："回报等于等价的付出。"这是一种新的启迪。我们每个人都在人生的长河中续写着生命的故事，无论何时何地，奉献都将是一个永不褪色的片断，只有真正地理解了"奉献"的含义，才能为人生留下欣慰的一笔。

奉献，是人类社会进步所追求的道德品质，是高尚与卑劣、崇高与渺小、光荣与耻辱的分界点。奉献的积累，是文明的积累、道德的积累和社会生产力的积累，这种积累会转变为

巨大的力量推动社会前进和发展。奉献源于对人民的大爱，担当与奉献是我们的责任与使命。新冠肺炎疫情期间，无数年轻人自愿成为一线工作者，救死扶伤，他们将个人安危抛之脑后，而将人民群众的健康放在第一位，这是出于对人民的关怀与对祖国的爱。我们国家之所以能够长治久安，正是因为有无数的人替我们负重前行。青春力量如今担当起社会使命，成为替广大人民负重前行的平民英雄，是人民的依靠，是祖国稳定的重要因素。

奉献不论大小，它也许默默无闻，没有发出任何声音。奉献者可能不是在战场上流血牺牲、冲向敌人阵地的英雄，也不是科学领域赫赫有名的带头人，更不是那些高呼口号的政治家。他们可能只是我们身边平凡的人，用自己的方式默默奉献，守护我们这个可爱的国家。人民警察用生命守护万家灯火，让中国被外媒评价为最有安全感的国度，这是奉献；大国工匠日夜攻关、奋战一线，使“中国创造”一次次惊艳世界，这是奉献；快递小哥穿梭于广袤的城乡，用汗水浇灌着数字经济的参天大树，这也是奉献。今天的中国，奉献无所不在，无时不有。尽管我们的背景、地位、岗位、环境等可能各不相同，但只要我们胸怀勇于奉献的精神，争做正义的一部分，那我们就是被歌颂的对象。

人生的真正价值在于奉献，要以社会价值作为评价人生价值的标准。社会的发展离不开社会成员对物质财富和精神财富的创造，无数社会成员的奉献构成人类社会发展的历史，推动了社会的进步。因此，作为社会的一员，我们只有积极奉献社会，让个人的社会价值得以充分体现，才能实现自己的全面发展，个人的人生价值才能得以体现。肩负国家未来的广大青年学子,更应以身作则,严于律己,为国家、社会的发展贡献自己的一份力量。

青年学子应用理想支撑奉献。理想是人生的灯塔,没有理想,人生就会偏离方向,奉献就没有动力,更不可能持久。只有树立远大理想,才能心甘情愿地付出,才能在执着的奉献中感到充实和快乐。只有坚定理想信念,立志不懈追求,甘于终身奉献,遇到困难和挫折时才不会退缩萎靡、惶惶然;面对腐蚀和诱惑时才不会昏昏然。

青年学子应用淡泊彰显奉献。“非淡泊无以明志,非宁静无以致远。”淡泊,尤其需要保持一颗平常心,正确看待个人得失,不为私心所扰,不为名利所累,不为物欲所动,追求简单朴素的生活。简朴最能涵养人的品德,因此古人提倡俭以养德、安贫乐道。孔子的学生颜回一箪食,一瓢饮,也不改其乐。青年学子更应该从自身做起,不畏艰难,敢于吃苦,不把青春耗费在追求奢靡享受上。

青年学子应用奋斗书写奉献。“幸福都是奋斗出来的”,新时代注定是属于奋斗者的时代。未来青年学子无论在哪个岗位上,都要敬业,能吃苦,求真务实,追求一流;要勤学善思,向成功学也向挫折学;要担当作为,勇于创新开拓,勇于革除积弊。只有日复一日、年复一年地不懈奋斗,才能书写人生华章。

以青春的名义诠释奉献之意。雷锋精神代表着当今社会道德取向,其实质和核心是全心全意为人民服务。也许作为学生,你不能做出惊天动地的大事,但你能从身边的每一件小事做起,弘扬身边的真善美;也许你不能实现跳入水中救人的壮举,但当遇到他人求助时你可以选择伸出援助之手,传递人性的温暖；或许你不能出手千金赈济于民，但你能固守一颗向善的心，顺手推一把上不去坡的车……古人云："人皆可以为圣贤。"只要用心做好每一件小事，奉献一点爱，用真诚感召人，雷锋精神就能发扬光大，世界就能变成美好人间。

热心公益，法律援助

——记山东省十大优秀学生王振宇*

学习生涯：独立自强，善于钻研

王振宇的大学适应期很短，2013 年是他独自一人在外求学的第 7 年。由于自幼居住在上海，他的小学是在上海读完的，而“外籍生不得在沪参加中考”的政策与父母工作的原因使不满 14 周岁的他背起行囊，独自一人回到故乡安徽寿县。

---

* 王振宇，男，中共党员，烟台大学法学院 2013 级法学专业本科生，烟台大学首届卓越法律人才培养实验班法 131-1 班班长，烟台市法律援助中心注册志愿者。曾任烟台大学法学院学生会副主席、院新闻中心执行主任、烟台大学大学生法律志愿服务中心执行主任。本科期间曾获山东省政府奖学金、山东省高等学校优秀学生、“‘互联网＋’时代法科生创新创业”——全国高校首届法学本科生学术论坛优秀论文奖、烟台大学“青春榜样”等 20 余项表彰奖励。其担任班长的法 131-1 班及团支部获得“山东省高等学校先进班集体”称号，并被共青团中央授予“全国高校践行社会主义核心价值观示范团支部”称号。在校期间参加青年志愿服务活动累计超过 9000 小时，提供法律咨询百余次，出具法律意见书 60 余次，协助诉讼 5 次，赴社区、中小学校开展普法宣传活动 20 余次。2016 年 8 月，山东卫视《山东新闻联播》节目以“阳光‘90 后’王振宇：热心公益法律援助的学霸”为题进行了专题报道，央视网、齐鲁网等多家媒体进行转载报道。2016 年，王振宇高分通过国家司法考试。2017 年，王振宇获评“山东高校十大优秀学生”荣誉称号，并获得山东大学计算机信息资源管理专业自学考试（本科）第二学位。本文案例参考王振宇：《“青春榜样”法学院候选人/王振宇——驾驭命运的舵是奋斗》，作部分修改。

租房、读书、洗衣、吃饭，似已寻常。2010 年，王振宇通过省内自主招生考入合肥一中，2013 年考入烟台大学法学院。多年在外的求学经历抹去了背井离乡的惆怅不舍，高中时期丰富的社团活动经历让他很快便找到了学习与实践的平衡点，早年对法学的兴趣爱好让他很快跨越了专业的门槛。他在课堂上全神贯注，平时喜欢浏览专业书籍，遇到感兴趣的问题便想更加深入了解。由于课堂上习惯于坐第一排，加之班长的身份，王振宇便有了更多和老师们交流的机会。他积极主动参与老师的科研与教学的辅助工作，从中悟出了很多隐藏在书本和课堂之外的道理。王振宇独立着手整理了各门课程的复习纲要，并与同学们分享，大大提高了学习效率。连续三年，王振宇的学习成绩都排名年级前 10%，其综合素质测评成绩名列年级前三。同时，他还在 2016 年高分通过国家司法考试，获山东省政府奖学金与山东省高等学校优秀学生、烟台大学“青春榜样”等荣誉。

社会工作：学习与工作，相得益彰

王振宇在同学们的眼中是个不折不扣的“工作狂”：在学校，他是大学生法律志愿服务中心执行主任，致力于发展面向校园、面向青少年、面向弱势群体的大学生法律志愿服务事业；在学院，他是学生会副主席、新闻中心执行主任，负责全院的新闻宣传报道及新媒体运营；在班里，他是一干就是四年的“老”班长，是烟台大学首届卓越法律人才培养实验班的带头人和主心骨。此外，他于 2015 年 6 月加入中国共产党，是本科生党支部委员会委员。他就像一个永远精力充沛的超人一样，无论学业还是工作都无愧于“卓越”二字，并且深深地影响着他所在的班集体。在他的带领下，法131-1班先后被评为“烟台大学先进班集体”“烟台大学十佳红旗团支部”“山东省先进班集体”“全国高校践行社会主义核心价值观示范团支部”，历年奖学金评定中班级获奖人数比例都位居全院第一，司法考试通过率高达50%（全院平均水平为30%），硕士研究生考试上线率高达60%，成为全校闻名的“学霸班”。

志愿服务：学以致用，砥砺品格

王振宇始终秉持“学以致用”的理念对待自己的学业，从来不“死读书”和“读死书”，并在法律志愿服务领域找到了“学以致用”的广阔天地。王振宇不仅担任烟台大学大学生法律志愿服务中心执行主任，也是烟台市法律援助中心的注册志愿者和烟台市检察系统未成年人犯罪检察工作志愿者。入校以来，王振宇参加志愿服务累计超过9000小时，提供法律咨询百余次，出具法律意见书60余份。他还组织团队进入社区进行普法宣传，利用课余时间为当事人解决力所能及的法律问题。2016年，为响应“七五”普法，搭建面向中小学生群体、以未成年人犯罪预防保护和法律知识普及为主题的志愿服务平台，烟台大学大学生法律志愿服务中心先后与烟台市第六中学等多所中小学共建“大学生社会实践与志愿服务基地”，赢得了社会的广泛好评。他主持的以“大学生法律志愿服务”为主题的“法援之光”志愿服务项目，获得烟台大学首届青年志愿服务项目大赛一等奖。2016年8月11日晚，山东卫视《山东新闻联播》节目以“阳光‘90后’王振宇：热心公益法律援助的学霸”为题对王振宇的事迹进行了专题报道，央视网、齐鲁网等多家媒体进行了转载报道。

创新创业:勇立潮头,敢于突破

王振宇是一个“不安分”的学霸,他对于知识和能力的渴求从来不限于书本与课堂。2015年,王振宇积极开展法律服务领域创新创业的探索与实践,他主持的“网开三面,法无二门——互联网+法律服务”项目荣获烟台大学首届“互联网+”创新创业大赛二等奖。基于该项目的研究成果,他撰写的论文《面向法律服务业的O2O服务模式设计——兼述律动App设计实践》成功获评“‘互联网+’时代法科生创新创业”——全国高校首届法学本科生学术论坛优秀论文奖,并受邀赴中国人民大学法学院进行学术交流。2016年,王振宇又在该项目研究基础上与好友一起创办了烟台思哲明商务服务有限公司并担任经理,入驻烟台大学大学生创业园。

一双肩膀挑起千斤重担,一个身影忙遍校内校外。一点一滴,从生疏不通到轻车熟路,每一步都伴随着汗水和艰辛,王振宇丰富充实的大学生活背后是他对自己的一个又一个挑战。他说:“回首过去,庆幸并未虚度年华;展望未来,依旧坚持脚踏实地。我始终相信努力奋斗的意义,只有这条路才能通向更高的金字塔。”

至仁至善，心系社会

——记“药乡行”爱心医疗志愿服务团*

“药乡行”爱心医疗志愿服务团创建于2016年，始终秉承“医药先锋行，服务新农村”的团队宗旨，坚持“志愿精神的核心是服务”的理念，为“健康中国”建设奉献着光和热。六年间，“药乡行”团队切实从群众利益出发，依托烟台大学药学一流学科与绿叶制药的科研优势，联络医院、卫健部门，开展立足学校、辐射社区的常态化志愿服务与暑期乡村健康医疗专项志愿服务，提高和扩大志愿服务的专业化程度与覆盖面。多年来，团队逐步构建起“专项调研、志愿服务、互联网＋医疗”三位一体的服务模式，深化拓展“2＋3＋4”推广形式，即团员青年和乡村百姓两个群体相结合，在高校、村镇和社区三方试点，开展专项调研、送医下乡、健康宣讲、全民健身四项志愿服务活动。团队志愿服务事迹受到中国青年网、山东教育新闻等媒体报道，获批教育部大学生创新创业训练项目立项并成功结项，荣获第三届山东省青年志愿服务项目大赛银奖、第五届中国青年志愿服务项目大赛铜奖、烟台市优秀志愿服务组织、烟台大学“青春榜样”等称号。

---

* 本文案例参考王晶锐、范承腾:《烟台大学“药乡行”爱心医疗志愿服务项目入围国赛终评》,作部分修改。

缘起药乡，服务社会

为响应国家号召，将所学用于实践，回馈社会，2016 年“药乡行”爱心医疗志愿服务团正式诞生。志愿者们走进山东省菏泽市河里王村开展调研，开展了一系列志愿服务公益类活动。2016 年，服务团首次来到菏泽市成武县河里王村，对村民常见疾病及用药现状进行了专项调研。2017 年，服务团确定调研课题为“常见疾病发病率及其成因”。2018 年夏天，服务团不忘三年之约，再次前往河里王村，对当地家庭医生签约情况进行调查。在调研过程中，服务团开展了夏季养生健康知识讲座，向村民发放急救手册 500 余份；联合九女集镇卫生院举办义诊，为村民体检，发放爱心小药袋 132 个；为村民放映多场电影，组织广场舞、八段锦等健身活动。调研后期，服务团将调研结果向成武县人民政府、成武县卫生和计划生育局、成武县人民医院进行反馈，相关部门表示将继续优化家庭医生服务。而“药乡行”爱心医疗志愿服务团也将继续秉承“医药先锋行，服务新农村”的理念，将志愿服务继续进行下去。

实践结束后，“药乡行”爱心医疗志愿服务团参加第三届山东省青年志愿服务项目大赛，于 200 个项目中脱颖而出并斩获银奖。作为唯一入围“恤病助医”类项目的高校团队，三年来，服务团累计服务近 500 户人家、2000 余人。调研数据显示，2018 年服务团开展活动的河里王村村民高血压患病率降低了 0.72 百分点，高血糖患病率降低了 0.47 百分点。队长刘淑豪感慨道：“河里王村老人较多，在这两年的实践中，我看到这里的医疗条件越来越好，常见病发病率也得到了控制，我们为给村民们带来了切实的帮助而感到喜悦。”

初心不改，精益求精

为了更好地提升团队综合能力，“药乡行”爱心医疗志愿服务团来到药企观摩学习、积累经验。绿叶制药集团有限公司与烟台大学药学院建立长期的合作用人关系，鲁南制药也是烟台市知名优秀药企公司。在学习中，队员们看到了药品加工包装的各道流程，了解了各种机器操作的注意事项。看着“全副武装”的集团工作人员认真地恪守在自己的工作岗位，看着自动高端的机器设备高效有序地运行，“药乡行”爱心医疗志愿服务团更加坚定了自己服务社会的决心。

2020 年初，新冠肺炎疫情不期而至；2021 年，疫情防控任务依然艰巨。“药乡行”爱心医疗志愿服务团专门制定了三份调查问卷，分别就“疫情防控”“安全用药”“常见疾病”三大问题进行调查。为深度了解基层群众对这三大问题的认识与看法，“药乡行”爱心医疗志愿服务团在烟台周边进行实地调查访问，通过线上线下邀请群众填写调查问卷的方式，得出有关这三个问题的初步结论。通过整合调研结果及在绿叶制药有限公司学习，“药乡行”爱心医疗志愿服务团筛选总结出心脏病、高血压、哮喘、糖尿病、颈椎病等常见病的潜在风险药物，制定出多重安全用药指南，以微信推文、宣传单页等方式帮助群众构建持续更新的常见病用药安全知识图谱。在疫苗接种方面，服务团鼓励群众贡献一“臂”之力，为“免疫长城”尽快形成添砖加瓦。

谨心恤民情，六载躬身行

六年前，晨光熹微，数名药院学子背上沉重的行囊，怀揣满腔热血，奔赴田野麦乡，去探寻“何为志愿服务的光芒”；六年来，这群热血青年深入贫困乡村，走访边陲小镇，用真心诠释志愿服务理念，用行动践行志愿精神；六年后，赓续六载浓浓药乡情，新的一批“药乡行”人携手再出发。“药乡行”，一直在路上！

六年间，服务团满怀梦想与朝气，用爱发电，一步一个脚印，让实践成果遍地开花。六年间，“药乡行”团队不断完善自身结构，构建起“本科生＋研究生”的立体创新培养体系；团队紧跟时代步伐，以社会医药健康热点作为切入口，坚持日常志愿服务公益活动与暑期特色志愿服务活动“两步走”，深入调研中国城乡居民健康素质、安全用药现状、疫苗接种情况等。

此外，服务团积极进行成果转换。2020 年荣获第五届中国青年志愿服务项目大赛国家级铜奖期间，团队项目被教育部确定为大学生创新创业训练计划国家级立项；获山东省第三届志愿服务大赛银奖等各类省级奖项 4 次，服务成果反馈科研，科研成果获第十二届“挑战杯”山东省大学生创业计划竞赛铜奖。此外，服务团积极在各大网站投稿，六年间，投稿累计 3 万余篇，主流媒体浏览量累计 60 余万次，权威媒体转发量千余次，产生了良好的社会影响和积极的社会效应。团队在不断探寻志愿服务新思维和新模式中，将绿叶制药有限公司先进的科研条件与烟台大学雄厚的人才优势相结合，逐步发展为学校、乡村、企业三方联系的纽带，使“药乡行”爱心医疗志愿服务团实现了学与用、知与行的统一。

六年间,“药乡行”爱心医疗志愿服务团是一簇迎着烈日而生的花,烈日骄阳下,他们怀着至仁至善的心走进村落,在服务中增强了社会责任感,体会到“被需要”的幸福感。“药乡行”在不断地碰壁中磨合与突破,在岩石缝隙中破岩而出、向光而行。同时,千千万万个心系社会的烟大学子正汇入这条河流,向着汪洋,不断奔涌。

第八章

担当责任

握紧时代“接力棒”，我准备好了！

展望未来，我国青年一代必将大有可为，也必将大有作为。这是“长江后浪推前浪”的历史规律，也是“一代更比一代强”的青春责任。广大青年要勇敢肩负起时代赋予的重任，志存高远，脚踏实地，努力在实现中华民族伟大复兴的中国梦的生动实践中放飞青春梦想。

——2013年5月4日，习近平在同各界优秀青年代表座谈时的讲话

要勤于学习、敏于求知，注重把所学知识内化于心，形成自己的见解，既要专攻博览，又要关心国家、关心人民、关心世界，学会担当社会责任。

光阴荏苒，物换星移。时间之河川流不息，每一代青年都有自己的际遇和机缘，都要在自己所处的时代条件下谋划人生、创造历史。青年是标志时代的最灵敏的晴雨表，时代的责任赋予青年，时代的光荣属于青年。

我相信，当代中国青年一定能够担当起党和人民赋予的历史重任，在激扬青春、开拓人生、奉献社会的进程中书写无愧于时代的壮丽篇章！

——2014年5月4日，习近平在北京大学师生座谈会上的讲话

今天，历史的接力棒传到了我们手里，责任重于泰山。全党一定要紧密团结起来，敢于担当、埋头苦干，团结带领全国

各族人民，以与时俱进、时不我待的精神不断夺取新胜利，不断完善和发展中国特色社会主义，不断为人类和平与发展的崇高事业作出新的更大的贡献。

——2014 年 8 月 20 日，习近平在纪念邓小平同志诞辰 110 周年座谈会上的讲话

青年兴则国家兴，青年强则国家强。青年一代有理想、有本领、有担当，国家就有前途，民族就有希望。中国梦是历史的、现实的，也是未来的；是我们这一代的，更是青年一代的。中华民族伟大复兴的中国梦终将在一代代青年的接力奋斗中变为现实。全党要关心和爱护青年，为他们实现人生出彩搭建舞台。广大青年要坚定理想信念，志存高远，脚踏实地，勇做时代的弄潮儿，在实现中国梦的生动实践中放飞青春梦想，在为人民利益的不懈奋斗中书写人生华章！

——2017 年 10 月 18 日，习近平在中国共产党第十九次全国代表大会上的讲话

每一代青年都有自己的际遇和机缘。我记得，1981 年北大学子在燕园一起喊出“团结起来，振兴中华”的响亮口号，今天我们仍然要叫响这个口号，万众一心为实现中国梦而奋斗。广大青年既是追梦者，也是圆梦人。追梦需要激情和理想，圆梦需要奋斗和奉献。广大青年应该在奋斗中释放青春激情、追逐青春理想，以青春之我、奋斗之我，为民族复兴铺路架桥，为祖国建设添砖加瓦。

——2018 年 5 月 2 日，习近平在北京大学师生座谈会上的讲话

青年是整个社会力量中最积极、最有生气的力量，国家的希望在青年，民族的未来在青年。新时代中国青年处在中华民族发展的最好时期，既面临着难得的建功立业的人生际遇，也面临着“天将降大任于斯人”的时代使命。新时代中国青年要继续发扬五四精神，以实现中华民族伟大复兴为己任，不辜负党的期望、人民期待、民族重托，不辜负我们这个伟大时代。

——2019 年 4 月 30 日，习近平在纪念五四运动 100 周年大会上的讲话

心有所信，方能行远。面向未来，走好新时代的长征路，我们更需要坚定理想信念、矢志拼搏奋斗。

——2020 年 6 月 27 日，习近平给复旦大学《共产党宣言》展示馆党员志愿服务队全体队员回信

前进的道路从不会一帆风顺，实现中华民族伟大复兴的中国梦需要一代一代青年矢志奋斗。

——2020 年 7 月 7 日，习近平给中国石油大学（北京）克拉玛依校区毕业生回信

我国广大青年要坚定理想信念，培育高尚品格，练就过硬本领，勇于创新创造，矢志艰苦奋斗，同亿万人民一道，在矢志奋斗中谱写新时代的青春之歌。

——2020 年 8 月 17 日，习近平致全国青联十三届全委会和全国学联二十七大的贺信

青年是国家和民族的希望。在这次抗疫斗争中，青年一代的突出表现令人欣慰、令人感动。参加抗疫的医务人员中有近一半是“90 后”、“00 后”，他们有一句话感动了中国：2003

年非典的时候你们保护了我们,今天轮到我们来保护你们了。长辈们说:"哪里有什么白衣天使,不过是一群孩子换了一身衣服。"世上没有从天而降的英雄,只有挺身而出的凡人。青年一代不怕苦、不畏难、不惧牺牲,用臂膀扛起如山的责任,展现出青春激昂的风采,展现出中华民族的希望!让我们一起为他们点赞!

——2020年9月8日,习近平在全国抗击新冠肺炎疫情表彰大会上的讲话

广大青年要肩负历史使命,坚定前进信心,立大志、明大德、成大才、担大任,努力成为堪当民族复兴重任的时代新人,让青春在为祖国、为民族、为人民、为人类的不懈奋斗中绽放绚丽之花。

——2021年4月19日,习近平在清华大学考察时的讲话

"青春孕育无限希望,青年创造美好明天。一个民族只有寄望青春、永葆青春,才能兴旺发达。"习近平总书记指出,当代中国青年是与新时代同向同行、共同前进的一代,生逢盛世,肩负重任。面对中华民族伟大复兴战略全局和世界百年未有之大变局,新时代青年迎来了实现抱负、施展才华的难得机遇,更肩负着建设社会主义现代化强国、实现中华民族伟大复兴的中国梦的时代重任。

实现中国梦需要一代代青年追梦人接续奋斗。在实现中华民族伟大复兴的道路上,青年始终是先锋力量,国家的光辉未来需要青年大学生的奋斗与热血。"立大志、明大德、成大才、担大任",是党和国家对青年一代成长成才的殷切嘱托与期望。青年一代有理想、有本领、有担当,努力成长为堪当民

族复兴重任的时代新人，国家就有前途，民族就有希望。高校大学生是青年群体的中坚力量，肩负着实现国家富强、民族复兴、人民幸福的时代重任。因此，大学生要顺应社会发展潮流，适应国家治理体系和治理能力现代化要求，在社会文明建设中引领时代新风，争当正能量的倡导者、新风尚的践行者；面对时代的考验要胸有成竹，面对难题的挑战要迎难而上；要在国家和人民需要的时候挺身而出，在危难时刻勇于担当、全力以赴；要勇立时代潮头，积极投身实现中华民族伟大复兴的伟大事业，做新时代的追梦人。

与党同心、跟党奋斗，以忠诚担当的姿态接稳握紧时代“接力棒”。青年大学生要坚定马克思主义信仰，加强对马克思主义理论的学习，从马克思主义中汲取力量、获得智慧；要坚持用中国特色社会主义理论体系武装头脑，树立正确的人生观、价值观和世界观，切实增强政治敏锐性和政治鉴别力；要坚定实现中华民族伟大复兴的中国梦的信心，紧紧围绕在以习近平同志为核心的党中央周围，坚定不移地听党话、跟党走，把小我融入大我，在实现中华民族伟大复兴的中国梦的伟大征程中实现自己的人生价值。

脚踏实地、砥砺奋进，以革命奋斗精神护航前行之路。习近平总书记指出：“民族复兴的使命要靠奋斗来实现，人生理想的风帆要靠奋斗来扬起。”青年大学生是朝气蓬勃的一代，是富有活力的一代，是奋斗的一代。青年大学生要时刻保持昂扬的斗志，脚踏实地，苦干实干，发扬艰苦奋斗的精神，弘扬传承“永久奋斗”的革命传统，在奋斗中实现人生价值，做新时代的奋斗者。青年大学生要锐意进取、勇于创新、敢于实践，不畏艰难险阻，积极投身改革开放伟大事业，做新时代的开拓者。青年大学生要涵养家国情怀，热爱祖国，关心社会，要常怀“赤子之心”，奉献祖国、奉献人民、奉献社会，做新时代的奉献者。追梦的道路上纵然荆棘满地、惊涛骇浪，只有奋斗不息、斗志昂扬，才能勇攀高峰，才能无悔于青春，无愧于这个时代。

勤于学习、增长才干，以过硬的本领素质跑出青春加速度。“担当起该担当的责任”需要有过硬的本领。敢于担当，不能停留在口头上，而应该有敢于担当的能力和水平，无论遇到什么事情，都能做到处大事不糊涂、处小事不疏忽、处慢事不拖拉、处急事不忙乱。因此，大学生要把学习当成一个永恒的课题，以时不我待的精神状态，讲学习，求知识，强素质；要以开阔眼界、陶冶情操、锻炼党性、增强知识储备为目标，加强对经济、法律、哲学、历史、文学等各方面知识的学习，向知识要宽度，向理论要高度，向实践要深度，向群众要新度；要积极探索行之有效的学习方式，养成想学、会学、善学的学习习惯，不断拓宽知识领域，改善知识结构，做到博采众长、厚积薄发；要通过锲而不舍地学、持之以恒地学、废寝忘食地学，做一个“提笔能写、开口能讲、遇事能办”的复合型人才；要坚持学用结合、学以致用，“缺什么，补什么”“需要什么，学什么”，自觉做到多学一点、深学一步、学深一些，既要向书本学习，又要向实践学习，及时更新工作岗位所需的知识和技能。

综观百年历史，青年引领时代，时代成就青年。中共一大代表平均年龄 27 岁；长征胜利后的中国共产党，彭德怀 38 岁，陈毅 35 岁，一二十岁的营长、团长不计其数；20 世纪 50 年代回国潮，邓稼先 26 岁，朱光亚 26 岁……新时代中国青年也能够和前辈们一样，挑得起重担，走得了远路：追问宇宙的中国

“天眼”团队平均年龄 30 岁；建设空间站的“天宫”团队平均年龄 30 岁；新冠肺炎疫情期间，“90 后”和“00 后”更是冲在一线，英勇奋战……青年大学生要向前辈看齐，向先进看齐，向党员标准看齐，不断坚定“做一名共产党员”的想法；要以实际行动传承、践行党的精神，对错误思潮、言论、观点勇于正面回击、发声亮剑；要将党史学习教育中生发的信念信心、热情激情，转化为攻坚克难、干事创业的具体行动。

青春逢盛世，奋斗正当时。“世界是你们的，也是我们的，但是归根结底是你们的。你们青年人朝气蓬勃，正在兴旺时期，好像早晨八九点钟的太阳。希望寄托在你们身上。”立足新时代、新征程，广大青年学生注定与实现中国梦的征程同行，既是走在时代前列的奋进者、开拓者、奉献者，也将是分享时代机遇的受益者。青年学生要努力在自己所处的时代条件下谋划人生、创造历史，成长为堪当民族复兴重任的时代新人，在实现中华民族伟大复兴的时代洪流中踔厉奋发、勇毅前进。

众志成城，抗击疫情

——记学生党员校园先锋突击队*

为坚决贯彻落实学校党委关于疫情防控工作的部署要求，党员青年行动起来，不畏艰险、冲锋在前、真情奉献，用坚守与热心温暖这个“寒春”，为筑牢校园疫情防控防线贡献青春力量。学生党员校园先锋突击队队员们每天坚守在校园，提醒同学们戴好口罩、保持距离，维持核酸检测点秩序，负责信息录入，认真做好测温、消毒、登记……他们的声音回响在校园的每一处地方，他们的身影穿梭在校园各个角落，他们的点点滴滴汇聚成温暖又坚定的力量，为有序的校园生活增添一份安心与保障。

“我是党员，我先上！”在党组织引领号召下，党员同志迅速响应，成立党员先锋突击队，与学生志愿服务队，团员青年先锋队，各级党、团组织精准对接，相互配合，保障校园卫生安全，负责校园巡查，分工落实疫情防控职责，冲在一线，万众一心，把党的政治优势、组织优势和群众工作优势转化为疫情防控优势。同学们利用空闲时间积极参加志愿活动，为学院分担，为学校分忧，为同学服务，他们的行为温暖着每一位烟大学子的心。

---

* 本文部分内容引自赵建伟、王雪峰:《赞！他们是烟大战“疫”阵地上的志愿服务青春“红”!》。

强化组织，在高效运行中展现担当

按照学校疫情防控工作领导小组的指令，校团委制定实施《疫情防控学生志愿者工作方案》，组建了统一调配的志愿先锋突击队，高效有序地参与校园疫情防控工作；制定实施《学生志愿服务队伍保障应急预案》，形成了纵向到底、横向到边、全覆盖、无盲点的“楼长＋层长＋包干宿舍志愿者＋各宿舍长”模式的封控学生公寓志愿服务网格体系，提前做好“楼内”“楼外”不同类型服务项目的培训。同时，对校园疫情防控志愿服务工作各环节再梳理再优化，坚决将学校党委关于疫情防控的部署要求和各项举措落实落地。

强化协同，在共克时艰中积极作为

立足疫情防控工作实际，主动对接学校防疫需求，实现协同推进，是开展疫情防控志愿服务工作的一条重要原则。校团委按照“青年自愿、组织有序、协同推进”的工作原则，在学校党委的统一指挥下，构建校团委主导的上联党委学工部与各学院、下联各校级学生组织的志愿服务体系，组建八支疫情防控学生先锋突击队。由党委学工部、校团委、各学院依托学生党员、团学干部组建疫情防控学生先锋突击队、学生党员先锋突击队、团员青年先锋队；由各学院分别牵头组建院级疫情防控学生先锋突击队，按照分工落实防控职责。他们以昂扬的青春和奋斗姿态投身学校疫情防控，迎风抗雨、不畏严寒、连续奋战，信念和行动是最好的青春证明。志愿者们不畏困难、挺身而出，用细心、耐心与责任心，全力以赴地配合支持学校疫情防控工作，守护“平安烟大”。

强化服务，在坚守奉献中传递温暖

虽然正值“倒春寒”，但在各核酸检测现场，一幕幕温暖的画面不断上演，对于没有智能手机或者不会操作智能手机的教职工，志愿者全程帮扶；腿脚不便的同学来到检测点，志愿者“一对一”提供服务。

疫情面前无小事，防控行动敢担当。在抗击疫情的过程中，学生党员感慨万千。“这次志愿工作让我看到了身边日夜奋战在工作岗位上的领导、老师和工作人员，他们是我学习的榜样。作为一名青年大学生，我除了要努力学习专业文化知识之外，更要不断提高思想觉悟，在组织需要时挺身而出，发挥好党员的先锋模范作用，努力成为可堪大用、能担重任的栋梁之材。”“病毒可以被隔离，但温暖不会被隔离！疫情期间，我想为学校、为学院作贡献，共渡难关，疫情也坚定了我为祖国奋斗的初心，争取能像萤火虫一样，发一分热、发一点光。”

“时刻听从组织召唤、服从组织安排，在关键时刻冲锋在第一线、战斗在最前沿。”这是学生党员牢记心间并亲身实践的。他们结合防控工作实际，积极参与建设“党员责任区”、创建疫情防控“先锋示范岗”等，充分发挥“人人争先锋，事事作表率”的党员先锋模范作用。下一阶段，他们将继续严格按照学校党委关于疫情防控工作的统一部署，认真总结相关工作经验，更广泛地团结凝聚广大学生党员有序参与学校疫情防控志愿服务，以实际行动践行“烟大精神”，为筑牢校园疫情防控防线贡献青春力量！

国旗是信仰，制服是担当

——记烟大国旗班*

有这样一群人，他们伴着清晨初升的太阳，准时出现在国防生训练场，用汗水浇灌心中的信仰，只为守护飘扬在烟园里那抹最迷人的中国红，他们就是烟台大学国旗班。烟台大学国旗班由烟台大学团委指导，传承于烟台大学国防生，当最后一届国防生即将毕业的时候，他们决定重新在各个学院召集本科生来组建一支新的队伍。就这样，烟台大学第一届国旗班于2016年6月8日成立，这是一个“流血流汗不流泪，勇往直前不后退”的组织。他们以护卫国旗为使命，以弘扬爱国主义精神为己任，“高举烟大第一旗，争做烟大第一班”，力求展现当代大学生团结进取、积极向上的新时代青年精神风貌。

三十米旗杆挺立，两分十二秒英姿

“两千万人的牺牲换来的一面五星红旗，我们能做到的只有万无一失。”电影《我和我的祖国》中林治远先生承诺道。国旗班的升、护旗手也在这里以自己的行动践行着对祖国的庄严承诺。每周一7:00升旗，周五17:00降旗，升旗过程3分钟，3层台阶走8步，旗杆30米，升旗手摇153下，国歌2分12

* 本文案例参考王瑶、赵欣宇、张媛:《国旗班:国旗已成信仰 制服亦是担当》,作部分修改。

秒。升旗手潘威辰说:“我每次看到国旗升到顶端的时候都会不自觉地热泪盈眶,我感觉我就是为那用两千万人的鲜血换来的国旗而生。”为了将这份责任完成到极致,潘威辰特意查阅资料:太阳从开始冒出地平线到离开地平线的时间为 2 分 12 秒,要使国旗与太阳同时升起,就要在太阳上缘刚刚冒出地平线时开始升旗,当太阳完全跃出,下缘与地平线相切时,国旗正好升到旗杆顶端。他望着飘扬的国旗说道:“我为亲手升起这面五星红旗而骄傲,为与队员们一同守护这面国旗而自豪。”

早起晚睡勤训练,只为守护那片红

护旗手徐傲翔说:“我觉得如果有下辈子,我一定还是一名护旗人。我每天早起晚睡,为的就是守护好那一片鲜红。”守护国旗的背后是日夜的训练和积累。“预备,跑!”每天早晨 6:40~7:30,训练场上有他们迎着晨光跑步的身影;“正步走!”每天晚上 8:40~9:30,训练场上回荡着他们整齐的步伐声。豆大的汗珠从头顶往下淌,十指并拢微微弯曲,中指贴大腿外侧中线,双腿紧紧夹住一张扑克牌,收腹、挺胸、下颚微收,后颈紧贴后衣领,目光直视前上方 45 度,身体微向前倾,立正保持军姿,一动不动站在原地……这便是国旗班的训练日常。为了走好那段护旗之路,他们每天都在努力,跑步、俯卧撑、蹲起……流淌的汗水、咬紧牙关的坚持,是他们对梦想最大的尊重。军姿、齐步、正步……一遍遍重复训练的动作是为了用更标准的姿势升起最庄严的信仰。流过的汗,体会过的酸痛,熬过的日日夜夜最终会在一个清朗的早晨,一声清脆的正步,一抹浓艳的中国红中实现它的价值。晨光月色中,自豪的心一直随同国旗飞扬。天空下，永远激荡着那永不失散的国旗之魂。“日复一日地训练为的就是让自己真正配得上那一身橄榄绿，守护好那一面国旗。”

英姿挺拔迎朝日，不惧寒暑护国旗

“不论狂风暴雨，不论严寒酷暑，不论有多累多苦，我都不会放弃自己手中那面要守护的国旗。”护旗手王正通这样说道。“就像我们休息的那一天，天空渐渐阴沉，冷风在窗外咆哮。我的心焦灼起来，立马起身联系搭档赶往北校，此时雨点早已连成雨线。在主席台下，我们按照仪式庄严地降下国旗，小心翼翼地将其捧到活动室折好收起。那一刻，我的心被巨大的光荣填满，我明白，只要我一朝守护国旗，就终生以护旗为荣!”护旗手们满心赤诚，用自己的责任与担当守卫着国旗。面对褶皱的国旗，他们小心细致地抚平；面对被遗落在地上的国旗，他们将它拾起并小心收好；面对需要国旗的场合，他们小心翼翼地双手捧上……这，就是国旗班同学对待国旗那庄严而深沉的爱；这，就是护旗手守护国旗的无上光荣！

“以我火红青春，谱写国旗礼赞；以我生命热忱，捍卫国旗尊严。”这不是一句口号，而是一届又一届国旗班队员亲身践行的准则。这群可爱的年轻人，用绿色的军装装点青春，用刚强的意志诠释生命，用顽强的斗志鼓舞人生，用无悔的信仰守护国旗。无论守护在升旗台旁的人是谁，那颗炽热的心永不改变。愿烟大学子都有勇气追寻火红青春，愿生命之花永不凋零！

第九章

法治素养

法治德治领航程，不负时代与韶华

全面贯彻实施宪法，是建设社会主义法治国家的首要任务和基础性工作。

——2012年12月4日，习近平在首都各界纪念现行宪法公布施行30周年大会上的讲话

要靠制度来保障，在执法办案各个环节都设置隔离墙、通上高压线，谁违反制度就要给予最严厉的处罚，构成犯罪的要依法追究刑事责任。要坚持以公开促公正、以透明保廉洁，增强主动公开、主动接受监督的意识，让暗箱操作没有空间，让司法腐败无法藏身。

——2014年1月7日，习近平在中央政法工作会议上的讲话

法律是准绳，任何时候都必须遵循；道德是基石，任何时候都不可忽视。在新的历史条件下，我们要把依法治国基本方略、依法执政基本方式落实好，把法治中国建设好，必须坚持依法治国和以德治国相结合，使法治和德治在国家治理中相互补充、相互促进、相得益彰，推进国家治理体系和治理能力现代化。

——2016年12月9日，习近平主持十八届中共中央政治局第三十七次集体学习时的讲话

中国特色社会主义法治道路的一个鲜明特点，就是坚持

依法治国和以德治国相结合，强调法治和德治两手抓、两手都要硬。法学教育要坚持立德树人，不仅要提高学生的法学知识水平，而且要培养学生的思想道德素养。各级领导干部要做尊法学法守法用法的模范，以实际行动带动全社会崇德向善、尊法守法。

——2017 年 5 月 3 日，习近平在中国政法大学考察时的讲话

坚持依法治国、依法执政、依法行政共同推进，坚持法治国家、法治政府、法治社会一体建设，坚持依法治国和以德治国相结合，依法治国和依规治党有机统一，深化司法体制改革，提高全民族法治素养和道德素质。

——2017 年 10 月 18 日，习近平在中国共产党第十九次全国代表大会上的报告

我们党首先要带头尊崇和执行宪法，把领导人民制定和实施宪法法律同党坚持在宪法法律范围内活动统一起来。

——2018 年 2 月 24 日，习近平主持十九届中共中央政治局第四次集体学习时的讲话

要坚持法治、反对人治，对宪法法律始终保持敬畏之心，带头在宪法法律范围内活动，严格依照法定权限、规则、程序行使权力、履行职责，做到心中高悬法纪明镜、手中紧握法纪戒尺，知晓为官做事尺度。

——2018 年 3 月 10 日，习近平在参加十三届全国人大一次会议重庆代表团审议时的讲话

要加强法治工作队伍建设和法治人才培养，更好发挥法

学教育基础性、先导性作用，确保立法、执法、司法工作者信念过硬、政治过硬、责任过硬、能力过硬、作风过硬。

——2018年8月24日，习近平在中央全面依法治国委员会第一次会议上的讲话

全面推进依法治国这件大事能不能办好，最关键的是方向是不是正确、政治保证是不是坚强有力，具体讲就是要坚持党的领导，坚持中国特色社会主义制度，贯彻中国特色社会主义法治理论。

——习近平：《关于〈中共中央关于全面推进依法治国若干重大问题的决定〉的说明》

全面依法治国最广泛、最深厚的基础是人民，必须把体现人民利益、反映人民愿望、维护人民权益、增进人民福祉落实到全面依法治国各领域全过程，保障和促进社会公平正义，努力让人民群众在每一项法律制度、每一个执法决定、每一宗司法案件中都感受到公平正义。

——《中共中央关于党的百年奋斗重大成就和历史经验的决议》

人无德不成材，人无法不成人。道德是开在人们心中的花朵，法律是高悬在我们每个人头顶的一把利剑。道德的力量支撑一个人在人生旅途中不至于灵魂空虚，法律的威力提醒一个人在任何情况下都不能突破底线。一个“德”字，对个人来说是教养，是操守，是做人的风度，对国家来说是文明，是进步、是大国风范；一个“法”字，对个人来说强调规范做人、规范做事、规范做官，对国家来说强调法治国家、法治政

府、法治社会。

道德是无声的法律，对自我约束提出了更高要求。对于当代大学生来说，可能大家更多着眼于在学校提升能力、锻炼本领。能力固然重要，可有一样东西比能力更重要，那就是人的品德。品德和能力，如同左手和右手：单有能力，没有品德，人将残缺不全。能力是一把双刃剑，如果掌握在品德高尚的人手中，它将会给团队与社会创造巨大的价值；如果掌握在品德低下的人手中，它随时可能成为组织与社会前进的羁绊。正如意大利诗人但丁所言："一个知识不健全的人可以用道德去弥补，而一个道德不健全的人却难于用知识去弥补。"

法律是成文的道德，是人们必须遵守的规则。"没有规矩，不成方圆"，法律是治国理政最大、最重要的规矩。新中国成立 70 多年，特别是改革开放 40 多年来，我们党领导人民创造了世所罕见的经济快速发展奇迹和社会长期稳定奇迹，这离不开法治的支撑和保障。"国的家住在心里，家的国因法矗立。"法律就在你我身边，它总在无形中时时刻刻地约束着我们的行为。同时，随着社会的开放与发展，法治化进程的推进也慢慢渗入校园，来到每一个大学生的身边。因此，大学生要努力成长为德法兼修的时代新人，成为道德上的善人，法律上的好公民。

当代大学生需要培养优良的道德品质。习近平总书记强调"讲道德、尊道德、守道德"，都是强调要落实在个人身心实践上的道德。社会公共生活、职业生活和家庭生活是人类社会的三大领域，大学生要自觉遵守社会公德、职业道德和家庭美德，这是大学生培养良好道德品质的基本环节和重要方面。

社会公德是全体公民在社会交往和公共生活中应该遵循的行为准则。在我国现代化建设进程中，每个大学生都应自觉遵守以“文明礼貌、助人为乐、爱护公物、保护环境、遵纪守法”为主要内容的社会公德。社会公德是社会道德的基础，是现代社会必须弘扬的基本道德。大学生应当自觉地以社会公德规范和约束自己，从自身做起，从现在做起，勿以善小而不为，勿以恶小而为之。只有这样，才有可能真正树立起大学生受过良好的道德教育和文化知识教育的形象，带动人们遵守社会公德，推动我国精神文明的发展。

职业道德是指在一定的职业活动中所应遵循的、具有自身职业特征的道德准则和规范。每一个大学生都应恪守以“爱岗敬业、诚实守信、办事公道、服务群众、奉献社会”为主要内容的公共性职业道德准则，这是各个行业都应遵守的。大学生将来是某一个职业的中坚骨干，懂得职业道德规范，加强职业道德修养，对于大学生来说是一项极为重要的课程；掌握基本职业道德规范，将有利于大学生毕业后更好地完成本职工作。

家庭美德是按照一定的社会道德规范形成的、调整人们在家庭生活方面的关系和行为的道德准则。家庭是社会的细胞，家庭中夫妻间的爱情、父母子女间的亲情，具有崇高的伦理道德内涵。大学生应奉行以“尊老爱幼、男女平等、夫妻和睦、勤俭持家、邻里互助”为主要内容的家庭美德。大学生作为家庭的一员，要努力做到孝敬父母、尊敬长辈、和睦友爱、互谅互让、坚持原则、遵纪守法等，在遵守家庭伦理道德、建立新型家庭关系方面起表率作用。

当代大学生需要树立法治观念。当今社会需要各种素质的人才,而法律素质是现代公民必不可少的一种素质,它要求社会成员都应该学法、知法、守法,依照法律从事生产和生活。当代大学生作为未来的社会主义市场经济的建设者,作为21世纪中国参与国际竞争的高素质人才,如果没有相应的法律知识,没有较强的法治观念和较高的法律素质,就不能适应市场经济和社会发展的需要。

学习好法律。守法是尊法的体现,懂法是守法的前提。大学生法律意识是国家法律意识的重要组成部分。除大学时期掌握基本的专业课理论知识外,大学生要主动学习和掌握相关的法律知识,多参与学校组织的法律讲座或普法类竞赛,不断提高法律知识水平,增强法治意识,提升法律素养。

运用好法律。“知者行之始,行者知之成。”青年学生要发挥积极的社会作用,助力实现新时代国家治理体系和治理能力现代化,推动法治国家、法治政府、法治社会建设。新宪法修正案中纳入“社会主义核心价值观”,这是实现中华民族伟大复兴的中国梦的价值引领。大学生作为党和国家的蓬勃力量,要将法律精神落实到日常学习生活的方方面面,用行动捍卫法律尊严,将自己所学所知与实践结合,实现“知”与“行”的统一,将法律精神内化于心、外化于行。

宣传好法律。为了营造良好的法治氛围,大学生要创新普法宣传形式,将白纸黑字的条文转化为激情澎湃的演讲、逻辑清晰的说理、饱含幽默的解读、士气昂扬的宣言;要具备讲述法律故事的能力,合理利用新媒体、新手段,把法律知识包裹在生动的故事中;同时,通过参与“法治课堂”进农村、进社区、进单位等形式多样的活动,增强全社会尊法、学法、守法、用法的意识，积极主动承担社会法律宣传责任，推进法治文化建设。

人以德立身，国以法立本，法律道德植根心底沃土，不亦乐乎？

弘扬宪法，永葆初心

——记全国演讲比赛亚军傅于说*

傅于说小时候就对播音主持有着强烈的兴趣，通过参加相关专业训练，把握在各种场合发言的机会，不断提高自身的语言表达能力。“对于播音主持，我觉得需要培养一种语感，需要在平时多听多读，培养自己对文字的处理能力。”正是这份持之以恒的热爱，让她把这个兴趣坚持到如今。“小时候特别喜欢播音主持带给我的成就感，长大后我慢慢地意识到，通过言语把感动或是激励带给别人，以自身力量感染他人，赋予他人正能量，是一件很幸福的事情。”随着不断成长，傅于说对于播音主持的热爱有增无减。读大学以后，为了更好地锻炼自己的语言表达能力，傅于说积极参与校园文化活动，不仅在数十场校级活动中大放异彩，更是走出校门，走向了更广阔的

---

* 傅于说，法 171-3 班本科生，烟台大学 2019～2020 年度“青春榜样”。曾参与数十场校级晚会的主持，并作为烟台大学主持人搭档山东教育电视台主持人共同主持“歌声激荡四十年”山东省大学生最美歌声大赛直播现场。曾获山东省“读中国”大学生诗文诵读大赛一等奖、烟台广播电视台悦动“1059”主持人大赛亚军。在校期间成绩优异，多次获得各类奖学金，曾代表烟台大学奔赴多地参与全国大学生模拟法庭竞赛，获“优秀辩手”四次，“最佳辩手”一次。2019 年以山东省冠军的成绩，入围全国学生“学宪法讲宪法”活动全国总决赛演讲比赛并最终捧回亚军（特等奖）奖杯，获奖情况公布于山东省教育厅官网以及教育部全国青少年普法网，参赛稿件收录于《青少年法治教育》期刊。本文案例参考王向荣、孙静贤、李俊莹：《烟大有位傅于说！》，作部分修改。

舞台。在这个过程中，傅于说结识了很多在播音主持方面志同道合的小伙伴，她发现自己变得越来越享受播音主持的过程。“我喜欢和大家一起准备一台晚会或是一场比赛的过程，我发觉，在这其中，细致地研究每一篇稿件的每一个字符、停顿本身就是一件有意思的事情。”

收获的一份份沉甸甸的奖项不仅展现了傅于说多年来在播音主持方面取得的优异成果，更是在一定程度上对她的语言表达能力的认可和肯定。“回顾自己在大学里播音主持方面的经历，我觉得播音主持不仅带给了我很多展示自我的机会，提升了我的自信心，还大大提高了我的逻辑思维能力、辨别分析能力，对法学专业知识的学习也有很大助益。我会一直爱我所爱，坚持学习，争取不管是业务能力还是在学习方面都有更大的提升和进步。”

出色的语言表达能力对傅于说专业能力的提升发挥着举足轻重的作用。源于对法学的好奇和热爱，傅于说坚定地选择修读法学专业——一个需要凭借言语施展能力的学科。“每个职业都有其意义所在，而法律行业对我而言意义尤其特别，我觉得它能以比较直接的方式将关怀带给需要帮助的人，让受帮助的人暂时或永久地摆脱困难。”谈及为何修读法学专业，傅于说坦言。

能力的发展离不开对学科基础知识的学习，大学期间傅于说的学习成绩一直位于年级前四分之一，连续三年获得“优秀学生”“优秀学生干部”奖学金，获得三次“思源”学科竞赛奖学金和一次圣凯奖学金。经过对法学专业知识的几年学习，傅于说对法学有了更深层次的理解和体会。“经过几年的专业课学习，法律对于我而言不仅是小时候所梦想的情怀，还包括许多关于逻辑、推理的运用，特别是平衡各方利益，最后凝结为精简的法条，这个过程让我受益匪浅。”

学习之余，傅于说合理利用时间，将自己语言表达的特长运用到法学知识的学习与应用中。由于傅于说在主持法学院晚会上被学院老师发现具有优秀的语言表达能力，经过相关培养训练，2019 年傅于说代表山东省参与全国学生“学宪法讲宪法”活动总决赛演讲比赛，与来自全国其他地区的 206 名选手决战北京，并最终捧回亚军奖杯，参赛稿件刊登于烟台大学校报并收录于《青少年法治教育》期刊。荣誉是对傅于说在比赛中优秀表现的认可。“这次参赛经历让我可以借助教育部普法领导小组的平台，向青少年朋友发出做中华民族伟大复兴建设者的号召，将我心目中的宪法精神和宪法理念讲述给更多的人听。”

相较于专业知识的学习，法律人在法庭辩论上的交锋则更能体现其对自身所学的理解运用能力，以及在自身能力范围内为法治理念、法律价值发声的担当。“法律人的激烈交锋是为让相似的人得到相同的对待，让不同者得以合理区分。”2018 年，怀抱着这样信念的傅于说加入刑事辩护的模拟赛场，代表烟台大学法学院与来自复旦大学、清华大学等 50 余所高校的学生决战南京，最终获得第二届“龙图杯”全国高校法庭辩论赛“最佳辩手”个人奖项以及书状一等奖、团体优胜奖两项团体奖项。2019 年，傅于说于“日盈杯”全国大学生模拟法庭竞赛中连续两场比赛战胜包括卫冕冠军四川大学在内的对手，获得“优秀辩手”荣誉称号。一步步成长见证了傅于说作为青春榜样的担当，这份担当也是他人学习的方向。

榜样的力量具有无限的能量，在不断努力进取的过程中，傅于说的转变有目共睹，她以播音主持的爱好作为基础，以专业知识作为砖石，逐步地充实自己，完善自我。从一开始的以播音主持为爱好，到后来把言语作为展现能力的载体，傅于说运用自己的语言优势及所学知识，尽自己的力量为法治理念、法律价值发声。“作为一名法学生，我深知言论对人的影响，而我所能做的，就是依靠自己的所学，维护法律的正义，为法律发声。”

时代需要榜样的力量，更需要有担当的青春榜样。作为法律火炬的守护者，傅于说运用其所学，以言语为载体，为法律发声，将自己的所学以行动馈赠时代，以身作则。她就是值得大家学习的青春榜样。

志在温情，愿与同行

——记烟台大学法学院法律志愿服务中心*

2014年，在烟台市法律援助中心指导下，烟台大学发挥法学院的专业优势，组建了大学生法律志愿服务中心，为在校学生和社会弱势群体提供无偿法律援助，并深入中小学、街道、乡村开展普法宣传活动。中心内部以完备的案件受理、招标、分配制度为核心，以案件代理小组为基础单位，以沟通协商为主要处理手段，采取多元化方式代理案件。中心成员认真严谨地对待每一个案件，及时召开小组案件讨论会，并不辞辛劳地前往法院、公安立案，高质量完成案件代理工作。中心先后受理咨询案件200余起，涉案标的总额500万元，解决满意度达90%；开展的普法宣传工作直接受益人数达5000余人，中心于2014年获得全国公益创业大赛（山东省）银奖。

此后至今，中心线下接待案件咨询近170起，线上接待案

---

* 烟台大学法学院法律志愿服务中心成立于2014年10月，在学校和学院各级领导和老师的关心指导下，中心将全院从事法律志愿服务的力量汇聚到一起，组建为统一从事法律志愿服务的社会性公益组织，同时也是烟台市法律援助中心批准的烟台大学法律援助工作站。

法律志愿服务事业的专业性和公益性决定了团队人员组成的多元性，中心是由学生群体、导师团队和合作伙伴三部分组成的有机整体。以“学以致用、践行公正”为使命，力所能及地为当事人提供法律志愿服务；以“勇担公益、奉献社会”为愿景，不遗余力地推动法治中国建设。

自成立以来，中心用实际行动赢得了社会各界诸多赞誉，《齐鲁晚报》、烟台大众网、水母网、胶东在线等多家媒体也对中心给予关注。

件咨询50余起，具体受理法援案件130余起，其中成功解决近100件。2019年上半年，中心共受理案件27件，其中线下受理17件，线上受理10件，现已全部完成，涉案标的额达10万元，解决满意度高达95%，其中不乏一些社会影响力较大的案子。

2015年，中心获得烟台大学首届青年志愿服务项目大赛一等奖。2016年，中心荣获“优秀青年志愿服务集体”称号，中心团支部获得“一级活力团支部”荣誉称号，并以受邀院校的身份参加第四届全国高校法律援助发展研讨会暨西南政法大学法律诊所十周年庆，获得烟台大学第二届青年志愿服务项目大赛一等奖。2017年，“七五”普法项目荣获烟台大学法学院“思源”社会实践和志愿服务奖学金二等奖，“法护青春——青少年犯罪预防”志愿服务项目荣获烟台大学第三届青年志愿服务项目大赛三等奖，并以受邀院校的身份参加由广西大学法律援助中心承办的“遵法守法·携手筑梦”服务农民工法治宣传行动经验交流会暨第五届高校法律援助发展研讨会，荣获烟台大学法学院暑期社会实践优秀团队三等奖。

除了案件代理业务，中心还长期致力于普法宣传工作，特别是对于青少年的法治教育。中心于2014～2019年与烟台市青少年宫建立了长期合作关系，并定期开展小学生“模拟法庭”活动50余次；与烟台市第六中学、牟平区第二中学以及烟台市永铭中学建立了大学生普法教育基地，并开展中学生普法讲座20余次；与学校内部各社团进行联合，开展大学生校园普法活动10余次。中心的普法宣传工作受到了社会各界的广泛好评。2018年，中心还与烟台市莱山区检察院共建法治创客基地，出版了一本4万字的青少年普法案例集，成立

“梦的蓝丝带”志愿服务队，专项开展“附条件不起诉”法律援助帮扶活动，创立了全省首家“青少年法治教育创客基地”，为烟台、威海地区的青少年法治教育提供了专业的服务团队与硬件设施。2019年，中心专门成立以“志智双扶助力扶贫”和“探索建设乡村普法体系”为目标的“律行逐光”普法支教队，深入枣庄市山亭区店子镇等农村地区开展“法治乡村建设”的公益活动，被烟台市司法局授予“烟台市法律志愿服务团”称号。“要想整治行业乱象，听听我们的普法说唱，但愿我们的旋律能在你脑中播放，提醒你请提防……”和着有节奏的韵律，烟台大学法律志愿服务中心的成员正在通过说唱的新颖方式为烟台市芝罘中学的中学生带来一场别开生面的普法知识宣讲，懵懂青涩的中学生或是托着脸颊或是端坐在课桌前聚精会神地听讲，眼神里充满了对法律知识的渴望。中心通过近几年的普法实践，构建出一套易于推广的“四位一体”青少年犯罪预防模式，包括中小学“点对点”普法模式、青少年宫“趣味课堂”模式、政府协力扶持模式和互联网“三平台”共同发力模式。这种公益普法模式先后获得烟台大学“创青春”大学生创业大赛金奖、山东省青年志愿服务项目大赛铜奖。

“加入法律志愿服务中心，成为普法支教队的成员，挨家挨户传播法律知识，为当地居民或村民提供力所能及的法律咨询……通过这些点滴小事，我深切地感受到了作为一名法律人的担当与责任，我将继续带着内心的赤诚，用自己的绵薄之力助力法治乡村、法治中国建设。”这是2021届支教队队长丁瑜同学在他的志愿服务支教日记中写下的一段话。

他们风华正茂，把青春奉献给了法律志愿服务事业，答疑解惑，奉献爱心；他们用法律的明灯照亮他人的道路，用善良和正直温暖这个社会，把正义带给那些需要法律援助的弱势群体；他们将自己所学的法律知识和法治精神传播到社会的各个角落，让法律志愿服务的种子生根发芽。“雄关漫道真如铁，而今迈步从头越”，虽然前路崎岖，但他们心怀梦想，无数个日日夜夜，他们相互鼓励、互相支持，最终实现了理想。未来，他们将会继续在法治道路上勇敢前进，秉持公平正义的理念和公益服务的宗旨，为国家法律事业的发展保驾护航，为祖国现代化建设贡献青春力量！

说言直声，与宪同行

——记烟台大学“说言直声”宪法宣讲团*

“如果把我国的法律体系比作一棵枝繁叶茂的参天大树，那么宪法就是这棵参天大树坚实的根基……”2018年12月17日，在第三届全国学生“学宪法 讲宪法”全国总决赛的舞台上，来自烟台大学法学院的大二学生赵文华以一段声情并茂、铿锵有力的《宪法就在我们心中》的演讲，征服了现场评委和观众，最终捧得亚军奖杯。赛后，她的班主任兼参赛指导老师毕潇潇表示：“每个学生都是一枚弘扬宪法精神的火种，关键是我们如何把他们凝聚起来，让他们燃烧起来。”对此，烟台大学法学院做了有益尝试，于当年发挥专业优势，组织一批信仰坚定、学业优异的青年学生成立了“说言直声”宪法宣讲团。而赵文华，正是他们中的一员。“说言直声”宪法宣讲团坚持“从学生中来，到学生中去”的理念，以脱口秀演讲、宪法故事

* 烟台大学“说言直声”宪法宣讲团是一个年轻而又充满活力的社团，成立于2018年，在2020年荣升为校级社团。“说言直声”宪法宣讲团旨在传播宪法知识、弘扬宪法精神、树立宪法权威。社团自成立以来，举办了多次校内外宣讲，也利用新媒体途径拓宽影响范围，尽全力使“学法、用法、守法”口口相传、深入人心。宣讲团内部结构合理，分工明确。宣讲团内设立四个部门：办公室、宣传部、理论研究部和项目部，由主席团、团长和副团长带领。在崔雪丽老师的指导下，在学院以及学校的帮助下，宣讲团以一个良性的发展模式不断向前探索。本文案例参考孔田田、亓健生：《烟台大学：把宪法精神融入思政教育》，作部分修改。

大会、小品微话剧等多种活泼新颖的方式，开展宪法知识和法治精神的宣讲，深受广大青年学生的喜爱，宣讲几乎场场爆满。

“说言直声”宪法宣讲团自成立以来脚踏实地，砥砺前行。2019年4月2日在烟台大学韶乐厅举办的首场宣讲报告会得到山东省教育厅和司法厅领导，烟台大学党委宣传部、党委学工部和共青团烟台大学委员会的大力支持和一致好评。2019年11月，烟台市司法局“践行初心·法润烟台”普法志愿服务活动启动，法学院普法志愿团获得“烟台市法律志愿服务团”称号。同月，宣讲团加入山东省大学生宪法演讲团，开始在山东省大中小学巡回演讲。

2019年12月4日，烟台大学第七届法治文化节暨山东省大学生宪法宣讲团烟台大学分团巡回演讲拉开帷幕。宣讲团以周边高校为起点，辐射全省，为大家带去优质的演讲，并在第二届烟台市青年志愿服务项目大赛中荣获银奖，在烟台大学“互联网+”决赛中获得三等奖，在2021年青年志愿服务大赛中荣获“优秀志愿服务社团”称号。

在2018年第三届“学宪法　讲宪法”比赛中，赵文华同学获得演讲全国亚军，杜秋雨同学获得山东省一等奖和辩论赛全国二等奖。在2019年第四届“学宪法　讲宪法”比赛中，傅于说同学获得演讲全国亚军，陈禹洲同学获得知识竞赛山东省一等奖。在2020年第五届“学宪法　讲宪法”比赛中，侯亚宁同学获得演讲全国一等奖，刘皓月同学获得演讲全国三等奖，史美慧子同学获得知识竞赛山东省一等奖，王菡同学获得演讲山东省三等奖。在紧张而有序的答辩会之后，“说言直声”宪法宣讲团荣获校级“十佳社团”称号。这次答辩与其说是宣讲团的又一成果，更不如说是宣讲团保持优秀的日常表现。

2020 年，一部名为《宪法护航程，青春伴我行——烟台大学“谠言直声”宪法宣讲团的故事》的微纪录片在网上发布，并得到山东省教育厅官方微信“山东教育发布”与“学习强国”平台的关注推广。在做好校园宣讲的同时，为了将宪法精神传播到校园之外，“谠言直声”宪法宣讲团还精心制作了《我是宪法宣讲员》的微电影，该微电影登陆烟台市公交媒体，在全市各条公交线路的车载电视上展播，受到烟台市民的广泛好评。

“宣讲团的火爆还得益于学校对诸如‘宪法学’‘法理学’等法学专业核心课程‘课程思政’的建设力度。近年来，学校启动课程思政教育教学改革，鼓励教师采取专题研讨启发式案例教学，与学生日常思想政治教育活动有机结合，这也是广大学生掀起学宪法、讲宪法的热潮的原因之一。”法学院院长宋振武说。此后，在市社联和校团委的指导下，宣讲团筹备举办了 2021 年烟台大学庆建党百年宪法宣讲会，以各种形式讲述百年党史中的宪法故事，感悟宪法力量。该团也与烟台市教育局开始筹措合作协议，后续将为烟台市中小学生进行普法宣讲，也将继续坚持深入基层社区进行调研、宣讲，在最贴近人民群众的地方加强理论研究，锻造实践能力。在不断地努力下，“谠言直声”宪法宣讲团不忘初心，怀着对宪法的敬畏、对党和国家的热忱，一步一个脚印，不断成长！

第十章

感恩回馈

常怀感恩之心，常做感恩之人

有一颗感恩的心很重要，对儿童特别是孤儿和残疾儿童，全社会都要有仁爱之心、关爱之情，共同努力使他们能够健康成长，感受到社会主义大家庭的温暖。

——2014年1月28日，习近平来到呼和浩特市儿童福利院看望残疾儿童时的讲话

中华民族是懂得感恩、投桃报李的民族。

——2020年3月27日，习近平同沙特国王萨勒曼通电话时的讲话

感恩，是人类社会发展到一定程度而产生的高级社会情绪。从心理学上讲，感恩是指个体用感激认知、感激情感和感激行为，回应因他人的恩惠或帮助自己获得积极体验或结果的一种心理倾向。感恩是一种美德，更是芬芳的誓言；感恩是一种幸福，更是一个永恒的支点。草木为了感激春的到来吐露新芽，鲜花为了感激夏的到来竞相开放，硕果为了感激秋的到来挂满枝头，雪花为了感激冬的到来将大地银装素裹。自然界尚且如此感恩，人更应该怀有感恩之心。

幸福源于对生活的满足，感恩源于对幸福的感知。国内外研究表明，一个人的感恩状况与心理健康息息相关，尤其是与主观幸福感的关系更为密切；一个人越是懂得感恩，幸福感就越强，即心怀感恩，幸福常在。快乐属于知足者，幸福属于感恩者。当我们用平常心对待生命的每一天，用感恩心对待

眼前的每一个人时，幸福和快乐就会不请自来。懂得感恩的人，遇到祸也可能变成福；只知抱怨的人，碰上福也可能变成祸。幸福的秘诀在于不抱怨过去，不迷茫未来，只感恩于现在。艰辛的生活，我们已经很苦、很累，无须再责备自己；奔波的人生，我们已经用力、尽心，何必还耿耿于怀！当你用单纯的眼光看待人生，你便会少去许多莫名的烦恼；当你用幸福的脚步丈量生活，你便会步履轻盈洒脱。沧桑世事，负累几许。思想简单，儿童就欢乐多多；欲求简单，老人就快乐多多；处世简单，生活就幸福多多。成功的根源是发现事物的本真，深刻思想的本质是从复杂回归简单。

在中华民族源远流长、博大精深的文化中，感恩是一种非常重要的传统美德，是每个人必备的品格。自古以来许多思想都流露出对感恩的歌颂，如儒家将感恩作为一种最基本的道德准则，用以维护传统社会的人伦秩序，儒家所强调的亲情、伦理、礼制、道德、关怀等，都充分体现了感恩思想。又如，“羊跪乳，鸦反哺”“滴水之恩，涌泉相报”“投我以桃，报之以李”等，都充分体现了中国人高度重视感恩。当代大学生在日常生活中要做到识恩、知恩、感恩、报恩以及施恩，培养感恩情怀，发现生活中的真善美，在潜移默化中践行社会主义核心价值观。

首先，大学生要不断提升感恩认知。只有提升了认知，才能从心底认同感恩情感，并做出与之相适应的感恩行为。大学生要正确认识感恩的本质，了解感恩的具体内涵，懂得感恩的意义，常怀感恩之心。

其次，大学生要学会升华感恩情感。在日常生活中付诸实践，将感恩之情真正转化为感恩之行。每个人都有感恩的情绪，它就像一股暖流，可以瞬间温暖人心。能否正确对待自己的感恩情绪，决定了我们可否将感恩情绪很好地转化为感恩行为。青年学子可以通过加强理论学习、道德自律等方式，把自己的感恩情感恰当地转化为感恩行为，将真诚的感恩之心传递给他人。

最后，大学生要不断培育感恩品质，强化感恩实践。大学生要始终向善，通过不断向榜样人物学习完善自我，还可以借助各种机会开展报恩、施恩活动，使感恩品质得到升华。比如，参加学校组织的大学生志愿者团队和其他公益社团，通过实践活动践行感恩；踊跃报名参加贫困山区支教活动，用实际行动回馈国家和社会对大学生的培养和教育；假期回到社区积极参加各种公益活动(保护环境、爱心献血、关爱弱势群体等)，使感恩情怀得到最大限度的升华。

人要常怀一颗感恩的心。鲜花感恩雨露，因为雨露滋润它成长；苍鹰感恩长空，因为长空让它翱翔；高山感恩大地，因为大地让它高耸。人生在世，值得我们感恩的太多太多：感谢父母，他们给予我们生命，抚养我们成人；感谢老师，他们教给我们知识，让我们学会了做人；感谢朋友，他们让我们感受到世界的温暖；感谢对手，他们令我们不断进取努力；感谢太阳，它让我们获得温暖；感谢江河，它让我们拥有清水；感谢大地，它让我们拥有生存空间……

感恩，充实着我们的生活，塑造着我们的心灵；感恩，使世界变得美丽；感恩，使我们拥抱幸福。天地赐予万物生命，父母养育孩子，陌生人给你我善良的帮助、温暖的笑颜，这世间一切都在教导我们学会感恩、懂得感恩、常怀感恩之情。让我们怀着一颗感恩的心，去感谢生活中的点点滴滴吧！

好学力行，卓然不凡

——记国际义工毕雪桐*

学生工作:奋发有为,诠释担当

自2015年入校起,毕雪桐就主动申请加入了法学院学生会实践部,她以自己的责任担当和出色业绩赢得了老师同学的信任,终在大三学年经过竞选与评议,接棒烟台大学法学院第32届学生会主席。在任期间,她带领大家打造了团结向上、作风优良的学生组织,获得烟台大学校运动会女子团体第一名、烟台大学学生军训歌咏比赛优胜方队、2017年烟台大学宿舍文化节最佳创意奖等十余项校级荣誉。

在担任"创客邦"副理事长期间,她与同事一起培育项目,

---

* 毕雪桐,女,中共党员,烟台大学法学院2015级法学专业卓越法律人才培养班本科生,曾任法学院学生会主席、"创客邦"大学生创新创业俱乐部副理事长等职。曾获国家奖学金、山东省政府奖学金、山东省十大优秀学生提名奖、山东省优秀学生、教育部全国学生"学宪法　讲宪法"演讲比赛山东赛区二等奖、烟台大学"十大优秀学生"等诸多荣誉。她曾以国际义工的身份赴马来西亚难民学校开展文化传播志愿服务,并两次带领烟台大学代表队参加Jessup国际法模拟法庭中国选拔赛。担任院学生会主席期间,她带领学院学生会斩获十余项校级荣誉。担任"创客邦"副理事长期间,她与同事一起培植项目,跟踪服务,参赛团队荣获第15届"挑战杯"全国大学生课外学术科技作品竞赛国家二等奖1项,荣获第15届"挑战杯"·海尔山东省大学生课外学术科技作品竞赛特等奖1项、一等奖1项。本文案例参考《青春榜样/毕竟烟园里,雪桐独一枝》,作部分修改。

跟踪服务，荣获第15届“挑战杯”全国大学生课外学术科技作品竞赛国家二等奖1项，荣获第15届“挑战杯”·海尔山东省大学生课外学术科技作品竞赛特等奖1项、一等奖1项。在组织参与各类学生活动中，她不断寻求突破，在纷繁复杂的工作中不断提升自己的效率和处事能力。因各方面的突出表现，她不仅获评烟台大学“优秀共青团干部”、烟台大学优秀学生干部奖学金、山东省优秀学生等，更从全校近三万名在校生中脱颖而出，当选烟台大学“十大优秀学生”，其事迹被学校官网、微信公众号等媒体多次宣传报道，她也因此走入了全校师生视野。

志愿服务：勇者无畏，倾力奉献

毕雪桐担任法学院学生会主席期间还分管法学院法律志愿服务中心，与法律志愿服务中心主任一道，为极具法学专业特色的法律援助服务搭建平台，团结带领法学院青年志愿者开展法律咨询、普法宣传、公益援助等特色活动14项，进行普法宣传20余次，帮助在校生、社会困难群众超5000人次。

2017年2月，毕雪桐在网络上了解到，在马来西亚的难民学校，孩子们因为无法得到当地的居民身份而无法正常上学，师资紧缺，而且生活条件十分艰苦，与其他人的反应不同，毕雪桐决定实实在在地做点什么，于是历时3个月组建团队，详细备课。最终在2017年5月，她利用烟台大学春假假期带领团队以国际义工的身份前往马来西亚难民学校参与了志愿服务。

她与队员们为孩子们教授英语等学科，更分享中华文化，传播中华之美，促进国与国之间的文化交流。给毕雪桐留下最深印象的是每次下课后，孩子们总会围过来不停地问："老师，下午你还来吗？""老师，明天，你还来吗？"而每次，她都带给他们肯定的回答。孩子们每一次的询问都是对下一节课的渴求，而每一次肯定的回答，都能看到他们明媚的笑容。直到最后一天下午，当孩子们再一次问道："老师，下周，你还来吗？"毕雪桐一时语塞，不知道该怎么回答，而孩子们也不再追问，因为他们已经知道了答案。

学科竞赛：勇立潮头，谁与争锋

2016年底，毕雪桐在参加学校遴选的百余名同学中胜出，成为唯一一位代表烟台大学参加全国学生"学宪法 讲宪法"演讲比赛的学生，并在总参赛人数近万人的赛事中，经过层层选拔获得山东赛区二等奖的优异成绩。她在比赛中不仅丰富了专业知识，而且展现了法科生的专业素养。Jessup国际法模拟法庭比赛被称为国际法界的奥林匹克竞赛，是国际公法领域最高水平的赛事。2017～2018年，毕雪桐先后两次代表烟台大学参加Jessup国际法模拟法庭国内赛，并与冠军队北京大学代表队等激烈交锋。她在积极参与各类专业学科竞赛中积累了丰富的大赛经验，历练了吃苦耐劳的精神，知行合一，向着卓越法律人才的标准不断迈进。

专业学习：不忘初心，方得始终

毕雪桐学习成绩的加权平均分高达89分。2015～2016年更连续两年专业第一、综合测评前三，平均分高达91分，专业课程中有10余科均为同专业最高分，这在学院近五年的学生平均成绩中是绝对领先的，她本人的专业学习能力获多位老师认可。由于综合素质能力突出，她大二即获山东省政府奖学金，大三获得国家奖学金。在别人眼中，她是当之无愧的“大学霸”。毕雪桐是一名中共党员，也是一名学生干部，她对同学们的疑惑总是积极主动地解答，她的笔记以及总结的学习提纲成为同学之中竞相传阅的学习资料。

凭借在校的优异表现，2018 年毕雪桐荣获山东省十大优秀学生提名奖。但她深知，自己在卓越的道路上仍任重道远，不敢松懈，要向更好的自己不断前行。青年有担当，国家有前途，民族有希望。从学生会到“创客邦”，从国际法模拟法庭到马来西亚难民学校，一位执着的青年，处处彰显出烟大学子的赤诚丹心；一个坚强的身影，默默书写着当代青年的奋斗历程。

公益歌曲，温暖人心

——记《远距离拥抱》的诞生*

陈嘉琦来自法181-1班，是烟台大学大学生艺术团声乐团副团长、第25届烟台大学校园歌手大赛冠军。她是《远距离拥抱》的发起者，也是作曲者。陈嘉琦一直想为抗击新冠肺炎疫情创作一首歌曲，直到她从网上看到一个女孩来到医院给当医生的妈妈送饭，相见却不能相拥。隔着隔离线，女孩举起双臂隔空"拥抱"了妈妈，虽没有肢体上的接触，但母女两人的心却紧紧相连！这一幕给陈嘉琦很大冲击，仿佛一束火花在脑海中升腾而起，她一下子就定下歌曲的名字——《远距离拥

---

* 由"烟大之声"网络文化工作室出品，烟台大学法学院三位女生陈嘉琦、张冉、曲珈慧作曲作词及演唱的公益歌曲《远距离拥抱》MV在各大网络平台热播，引发千万网友点赞、关注、评论。作品以烟台与武汉两个城市心手相连为视角，以全国各地支援湖北和广大奋战在抗击疫情一线的医护工作者的感人事迹为主线，深情讴歌了广大战"疫"天使勇敢逆行、义无反顾的医者仁心和大爱精神。这部MV在2020年2月22日13时一经发布，即在短时间内引起热烈反响，24小时内全网传播量超过500万，毛晓彤、宣璐等多位知名演艺明星在微博进行转发。此外，该作品还入选中央网信办网评局指导、光明网开设的重大宣传专栏，央广网、中国教育电视台、教育部中国大学生在线官方微博、山东省教育厅官方抖音、山东团省委官方微博等均进行了转发，大众网、齐鲁网、齐鲁壹点以及胶东在线网站等烟台所有媒体均进行了报道和传播。来自烟台大学的同心战疫声音，响彻全国！本文案例参考王向荣：《烟台大学原创公益歌曲〈远距离拥抱〉MV背后的创作故事》，作部分修改。

抱》,并一气呵成完成整首歌的旋律和伴奏初稿。随后,陈嘉琦把初稿发给同在声乐团的好友张冉,邀请她为《远距离拥抱》作词,来表达亲人对患者和医护人员的爱,表现各个城市给武汉的支持和帮助。此前,她跟张冉有过两次合作:第一次是2019年8月底开学时为烟台大学迎新创作了歌曲《为梦而来》;第二次是在2019年12月1日校园歌手大赛夺冠的原创歌曲《木偶人》。

张冉是法182-1班班长、中共预备党员、烟台大学第25届"逐梦之声"校园歌手大赛冠军,并凭借原创作品《远距离拥抱》荣获校园最佳原创奖。目前,该作品已作为抗疫公益歌曲在全网发行。她曾获2019～2020年度国家奖学金,兴趣爱好广泛,坚持德智体美劳全面发展。为了写出打动人心的歌词、传递温暖与力量,她开始搜集资料,在反复浏览关于疫情大大小小的新闻后,心中渐渐有了轮廓,起稿了副歌第二段的歌词。但副歌第一段的最后一句还是没有着落,为了能够写出满意的词,张冉翻阅了无数新闻报道,进行了多次修改打磨。怎么把歌写得既不流于世俗,又能让大家感受到其中的力量,是张冉一直在思考的问题。这期间,陈嘉琦还找来声乐团的其他同学一起斟酌歌词,她也在不断修改旋律,以期填词之后演唱起来更能打动人心。歌词的打磨是一个不断否定、不断推翻、不断重塑的过程,张冉就像母亲在孕育生命,总希望能有完美的结果。要与曲调匹配,要与前一句押韵,要与节奏相合,多少词句几度推倒重来,多少张草纸写了又划、划了又改,她的创作过程没有顺利而言,反而有些急躁和焦虑。

曲珈慧来自法163-1班,曾获蒲公英音乐种子计划暨中国大学生音乐节烟台赛区冠军、烟台大学校园歌手大赛"校园十佳歌手”称号。第一次听到《远距离拥抱》的旋律，她就觉得非常好听。当时，为了演唱顺口，她将歌词稍作修改，对主歌旋律也做了调整，用手机录音软件录了半首歌的小样发给了陈嘉琦。过了两天，陈嘉琦完成了整首歌的编曲，张冉完成了整首歌词，把歌词和伴奏发给曲珈慧，随即曲珈慧就开始了录制工作。由于疫情，烟台所有的录音棚都不营业，曲珈慧只能在家用手机录制。一开始她戴着耳机，打开手机录音软件和伴奏文件直接录，录了一个小时以后发给陈嘉琦，陈嘉琦说耳机录制音质太差，没有录小样的时候清晰度高。于是曲珈慧找来妈妈的手机，插上耳机放伴奏，然后打开手机的录音软件，用手机的机体话筒录制。录制的过程有艰辛，有感动。因为是原创，录起来比以前录翻唱难一些，每一遍录出来都不太一样。唱G调还是F调，她也有一些纠结，两版都录了很多遍，两天合计录制了6小时左右，最终确定用F调。录制时，曲珈慧脑海中浮现出当时在网上看到的一线医疗工作者拖着疲惫身躯奋斗的模样，几次泪湿了眼眶。“为抗击疫情而创作的这首歌，非常有意义，能为抗击疫情出一份力，我感到无上光荣。”曲珈慧说道。

作为发起人和曲作者，陈嘉琦说：“歌曲得到广泛传播，我们的歌让很多人产生共鸣，这是我们最希望看到的。这也说明我们每个人都期待疫情早日结束，希望所有患者和抗疫工作者能感受到我们所有人给他们的远距离拥抱和支持，感受到我们所有人给他们传递的温暖！”三位创作者还秉承创作初心，公开将这首歌曲免费授权所有致力于公益宣传的媒体和团体使用，希望这首公益歌曲能让更多人听到，传递给大众温暖、信心和力量，鼓励大家一起迎接胜利曙光的到来。

远距离拥抱是每个中国人给病人与一线工作者的关爱和支持，是每一座城市对武汉、对湖北的支持。我们互相鼓励，互相帮助，此时的远距离拥抱，是为了不久以后能真正拥抱所爱之人。作为大学生，在战“疫”中，她们无法同一线的“战士们”并肩作战，但仍想尽一份微薄之力，用自己热爱的音乐，为一线工作者和默默奉献的“天使”鼓劲，给每一个正在关心疫情的国人带去安慰与希望。我们相信，14 亿中国人团结一心，战“疫”终将成功！